RECHERCHES

SUR

LA DÉCLINAISON BASQUE

Nous nous sommes efforcé, dans le premier fascicule de notre travail intitulé *la langue Basque et les idiomes de l'Oural,* de faire ressortir les analogies, soit grammaticales, soit lexicographiques qui se manifestent entre l'idiome des montagnards pyrénéens et ceux des populations altaïques. Le but de ce présent Mémoire sera différent. Nous nous proposons d'étudier, en elle-même, cette déclinaison Basque, si variée à la fois et si différente de celle des autres langues connues. Nous nous efforcerons de faire ressortir, avec toute la clarté possible, sa structure agglomérante, son excessive abondance de formes, et surtout l'influence prédominante que le système de la déclinaison a exercé sur le développement de l'idiome tout entier. Il s'agit donc en quelque sorte de faire ici, pour la linguistique, ce qui depuis nombre d'années déjà se fait pour les cartes de géographie. Prenant le système des flexions casuelles comme point de départ, et pour ainsi dire comme premier plan, nous jetterons un coup d'œil rapide et général sur tout l'ensemble de l'idiome. Rien n'a été négligé pour rendre aussi complet que possible ce Mémoire, fruit d'une année entière de recherches assidues. Il sera divisé en quatre chapitres : le premier traitant des caractères de la déclinaison Basque, dans ses rapports avec la grammaire générale de cette langue ; le second sera consacré à l'examen des divers paradigmes de déclinaison, des genres, des nombres, de la classification des désinences casuelles. Il sera question dans le troisième, de la forme, de l'emploi, de la valeur et, autant que possible, de l'origine ou étymologie de chacune des flexions déclinatives. Enfin nous terminerons par une comparaison du système de la déclinaison Basque avec celui des idiomes ouraliens, qui s'en rapproche à beaucoup d'égards ; et, par extension, nous parlerons des affinités de l'Eskuara avec diverses familles de langues. Besoin n'est pas de dire que nous nous sommes étayés surtout des travaux de S. A. I. le prince Louis-Napoléon Bonaparte, de M. l'abbé Inchauspe, auquel nous sommes heureux de témoigner ici toute notre reconnaissance ; de M. d'Abbadie, de M. le capitaine Duvoisin, en un mot, des plus éminents *Vasconisants* de notre époque.

Cap. Ier

Du système général de la déclinaison Basque

§ 1er. — STRUCTURE AGGLOMÉRANTE

En Basque, ainsi que dans la plupart des autres idiomes agglomérants, les flexions casuelles sont très faiblement attachées au radical dont elles dépendent. Il est rare qu'elles subissent une flexion analogue à celle qui caractérise les idiomes indo-européens. Tout au plus, les désinences simples seront-elles des contractions du pronom ; par exemple, le *n* du génitif et de l'inessif, lequel semble se rattacher à la flexion postpositive *no*, jusqu'à, qui elle-même n'est pas sans quelque affinité avec le pronom *nor*, qui, quelque, chaque (le *r* est ici pour l'euphonie). Il y a loin, toutefois, de ce procédé de contraction ou de brisure à celui que nous découvrons dans le Latin *filiis* pour *filiabus*. Dans ce dernier exemple, en effet, il y a véritablement *flexion terminative*, c'est-à-dire *fusion* entre les éléments qui constituent la désinence, et au contraire dans le Basque, *Mendi-a-r-i*, à la montagne, nous trouvons successivement l'article *a*, signe du mode défini, le *i* marque du datif et le *r* euphonique ; mais aucun de ces éléments ne sont combinés entre eux ; nous les trouvons simplement juxtaposés, et par suite, faciles à séparer.

Si la désinence n'a pas la force de fondre en un tout harmonique, les membres qui la composent, encore moins pourra-t-elle agir sur la voyelle du radical, comme cela a lieu dans l'Allemand, *Baender*, pluriel de *Band*, lien ; ou changer la physionomie entière du mot, ainsi que cela arrive si souvent en vieux Français ; par exemple, *Seigneur*, cas oblique de *sire*, dérivé du bas latin *senior;* *major*, cas oblique de *maire*, du latin *major*, etc., etc.

1° *Confusion entre le radical fléchi et le mot composé.*
— Il est souvent fort difficile de distinguer la désinence
casuelle, de la particule postposée faisant office de préposition. Citons, par exemple, le destinatif *yaunentzat*, pro
domino. On peut, presque indifféremment, l'écrire en un
mot, suivant l'usage commun, ou en deux, *yaun entzat*.
Dans le premier cas, l'on pourra soutenir que les deux dernières syllabes constituent une simple terminative; dans
le second, l'on prétendra sans s'éloigner beaucoup plus de
la vérité, que la syllabe *tzat* forme une particule indépendante, comme le *inter* latin dans la phrase *ursos inter et
leones*. Cela est si vrai, que les philologues, qui rédigent les
grammaires d'idiomes agglomérants, sont rarement d'accord entre eux sur le nombre de cas à établir. Ce genre de
difficulté est à peu près inconnu aux grammairiens classiques. On verra, du reste, par la suite de ce travail, com-
bien il est difficile d'établir en Basque ce qui est ou non
flexion casuelle, et la presque impossibilité où l'on se trouve
d'indiquer une bonne méthode de discernement.

2° *Rôle multiple joué par la flexion casuelle.* — La
désinence, pouvant se détacher si aisément du mot dont elle
dépend, conserve, en partie du moins, sa valeur significative et n'atteint pas avec la même perfection que dans nos
idiomes Japhétiques, son véritable but, qui est simplement
de préciser et de modifier le sens du radical. Ainsi, nous
verrons souvent en Basque, la finale casuelle former, par sa
seule adjonction avec la racine, des substantifs dérivés, susceptibles, eux aussi, de se décliner, de donner naissance à
de nouveaux dérivés. Ex. *Ezkonge,* caritif de *Ezkon,* nup-
tiæ (litt. sine nuptiis), sera aussi un vrai radical substantif, ayant le sens de célibataire. *Idiki,* viande de bœuf, n'est
autre chose que l'adverbial de *Idi,* bos, et signifie litt. *more
bovis.* Dans la suite de ce travail, nous verrons qu'un grand
nombre de ces désinences, qui forment les substantifs ou
adjectifs dérivés, peut-être même toutes celles qui ne sont

point de provenance étrangère, doivent naissance aux marques de cas.

L'*a* final, signe du défini, peut être, lui aussi, considéré comme flexion déclinative. Son adjonction à un radical muni de certaines désinences casuelles, a également pour effet de transformer ce dernier en une racine secondaire. Ex. *Buru*, caput; *buruko*, pro capite et *burukoa*; litt. quod pro capite, un bonnet. *Gerri*, venter; *gerriko*, pro ventre, et *gerrikoa*, une ceinture. Sous leur forme définie, ces mots sont de vrais substantifs; sous la forme indéfinie, ils peuvent être pris aussi bien comme substantifs radicaux, que comme substantifs munis d'une flexion casuelle.

Certaines racines ont, dans la forme définie, un sens plus restreint. Ex. *Egun*, qui est à la fois adverbe dans le sens de *hodie* et substantif dans celui de *dies*, tandis qu'*eguna* signifie simplement le jour, et n'est plus que substantif.

Au moyen de cet *a* final répété et précédé d'une flexion casuelle, on peut d'ailleurs former des composés jusqu'à l'infini. Ex. *Aita*, père; *aitaren*, du père; *aitarena*, ille qui est patris; *aitarenarena*, ille istius qui est patris, etc., etc., et ainsi de suite. On voit, par cet exemple, que certaines syllabes, les flexions casuelles, ainsi que les marques du participe, de l'infinitif peuvent s'intercaler avec l'article, en nombre indéfini.

D'autres fois, la flexion, unie à un radical substantif, change ce dernier en une postposition, sinon pour la forme, du moins pour le sens. Ex. *Atze*, étranger; *atzean* (litt. in extraneo, in hoste), hors de, extérieurement; *arte*, fente, intervalle; *artean*, entre, parmi, etc.

Les degrés de comparaison sont assez souvent aussi formés de la même manière. *Handien* est, à la fois, génitif pluriel et radical du superlatif, magnorum, maximus. On doit, je pense, reconnaître le locatif de l'inanimé *ko*, avec affaiblissement de la consonne initiale et précession de l'article dans le signe du comparatif en *go.* Ex. *Elurra bano zuriago*, plus blanc que la neige.

Le Basque formera également, au moyen de l'instrumental *ka* ou *ga*, le nombre ordinal. Ex. *Hiru*, trois, et *hirugarren*, troisième. Au moyen de l'instrumental seul, l'on forme le partitif. Ex. *Lau*, quatre, et *laukha*, par quatre, etc., etc.

L'emploi des formes déclinatives n'est pas moins remarquable dans la manière de traiter le verbe. Le participe décliné s'unit à l'auxiliaire *être*, ou plutôt à la forme qui tient lieu du verbe. Ce système, tant prôné de certains philologues comme le seul conforme à la !ogique, qui consiste à dire *je suis aimant* pour *j'aime*, est donc à certains égards celui qu'a suivi la langue basque. Dans *ethorten naiz*, je viens, nous rencontrons le verbe substantif *naiz*, je suis, ou du moins la forme pronominale qui supplée au verbe, et le nom verbal *ethorten*, illud venire, ou plutôt *in illo venire*, puisque ce nom est à l'inessif. Le Labourdin formera le futur *je serai*, par la juxta-position de l'adjectif verbal mis au locatif avec l'auxiliaire. Ex. *Izango* ou *izanen naiz*, je serai; litt, « pro illo, ex illo esse; sum ». Remarquons, au reste, que ces formes déclinatives, si décidément analytiques, ont certainement remplacé d'anciennes formes plus empreintes de l'esprit de synthèse. Le Labourdin, du temps d'Oïenhart, disait (1) : *nazaite*, je serai. Aujourd'hui, il préfère tourner par *izanen naiz*. Le Souletin emploie, même à présent, les formes archaïques, *nizate* ou *nizaite*.

Enfin, certaines formes spéciales du verbe se forment également par voie de déclinaison. Ex. *Nizala*, me esse, quod ego sum, n'est autre chose que l'indicatif présent muni de la finale intensive, et pourrait se rendre litt. « ad illud ego sum ». Ici, nous voyons le verbe recevoir des

____

(1) Etudes euskariennes, préface par M. A.-Th. d'Abbadie.

flexions casuelles aux différentes personnes, temps, modes de sa conjugaison, procédé qui semble vraiment spécial à la langue Basque. Dans cet idiome, en effet, l'a dit un auteur, il n'est rien qui ne puisse se décliner jusqu'aux conjonctions, adverbes, lettres de l'alphabet,

3° *Unité dans le paradigme de la déclinaison.* — Dans les idiomes d'origine Aryo-européenne, la désinence s'incorporant au radical, de manière à perdre toute individualité et à faire corps avec ce dernier, peut subir d'importantes modifications, de manière à satisfaire aux exigences de l'oreille. De là, tout naturellement, des différences profondes dans la manière de traiter les déclinaisons. Plus les langues (Japhétiques) se développent, plus la diversité de ces mêmes déclinaisons entre elles devient frappante. Elle l'est, par exemple, beaucoup plus en Latin qu'en Sanscrit. De plus, les flexions casuelles de l'adjectif, du pronom, du participe, du nom se modifient, suivant certaines lois spéciales à chacune de ces parties du discours. En Basque, au contraire, la structure agglomérante s'oppose à ce qu'il en soit ainsi. Il n'y aura de changement dans la désinence, que lorsqu'il y aura changement dans le rapport à exprimer.

Eclaircissons tout ceci au moyen d'un exemple.

En latin, nous voyons *auriga* et *ancilla* être de la même déclinaison, bien que de genres différents ; *levita, homo* et *dominus*, tous les trois masculins, se ranger dans trois classes diverses ; la désinence *i* marquer le datif, mais à la troisième déclinaison seulement. Unie à un mot de la seconde, elle deviendrait signe du génitif. Il semble que les langues classiques se soient plues à varier leurs désinences, de façon à prévenir la monotonie du discours.

Le Basque s'y prend tout autrement. S'il tente de prévenir cette monotonie, ce n'est pas en variant les flexions, mais en les supprimant le plus possible, ainsi que nous le verrons plus loin ; de plus, le genre du mot décidera irrévocablement, suivant quel paradigme il doit être décliné.

S'il appartient au genre animé, il prendra les désinences propres à ce genre; il en est tout de même, si le mot est du genre inanimé. Enfin, lorsqu'il existe des flexions déclinatives spéciales pour chaque genre, elles seront généralement plus distinctes l'une de l'autre, qu'en Latin. Par ex. l'élatif est en *tik, tarik* pour l'inanimé, en *en ganik* pour l'animé. De plus, une même désinence ne peut servir à marquer deux cas différents, dans deux différentes déclinaisons, comme le *i* latin. En Basque, *ez* final sera toujours et partout et exclusivement le signe du médiatif.

Quoiqu'il en soit, ces légères dissemblances, que nous remarquons entre la déclinaison de chaque genre; celle, plus légère et purement euphonique, que l'on signale entre la déclinaison du radical à consonne finale et la déclinaison de celui qui se termine par une voyelle, ne saurait nous autoriser à contester le principe de l'unité de paradigme dans la déclinaison, au sein des idiomes agglomérants. Ces dissemblances ne sont pas plus marquées que celles existant en Latin, entre *Deus* et *puer*, mots qui tous les deux appartiennent, néanmoins, au deuxième paradigme. Nous verrons, toutefois, le pronom n'être pas traité absolument comme un radical ordinaire. C'est, en effet, le pronom qui semble avoir été l'organe du perfectionnement dans les langues. C'est par lui, qu'a dû s'effectuer le passage du monosyllabisme à l'agglomération, de l'agglomération à la flexion.

4° Variation dans l'emploi des désinences. —Le Basque, en raison même de sa structure agglomérante, jouit d'une liberté beaucoup plus grande que les dialectes indo-européens dans le choix de ses désinences casuelles. Tantôt, il se servira de la finale du locatif, au lieu de celle du génitif. Ex. *Izanen naiz* ou *izanyo naiz*, je serai, du datif actif au lieu du nom verbal au nominatif. Par ex. (dialect. Biscayen.) *Dagoz obligaurik;* (dial. d'Ochandiano), *dagoz obligaute,* obligatus est. Le médiatif, au besoin, s'emploie pour le sociatif. Ex. *Eginaz* ou *eginagaz*, par le faire, par l'action, faciendo. Un cas simple est pris, parfois, au lieu d'un cas composé. Ex. (dial. Guipuscoan) *ez du bularrikan;* (dial. Biscay.) *ez dauko bularrik*, ubera non habet. Le plus souvent l'Eskuara se borne à supprimer le signe du génitif devant une désinence ou une particule qui d'ordinaire régit ce cas. Ex. *Aitarekin* ou *aitakin*, cum patre.

5° *Des lettres euphoniques.* — Voici un caractère tout spécial à l'Eskuara, par lequel il s'éloigne des autres idiomes à nous connus, et qui fait parfaitement ressortir sa nature franchement agglomérante. Cette langue manifeste une crainte si vive de voir les voyelles contiguës s'élider ou se fondre, l'une dans l'autre, qu'elle prend généralement grand soin d'intercaler une consonne euphonique entre le radical et la désinence, lorsqu'il se manifeste un hiatus. Ordinairement, cette consonne est un *r*. Ex. *Gizon-a-r-en*, hominis, pour *gizon-a-en; gizon-a-r-i*, homini, pour *gizon-a-i*. A l'inessif du genre animé, certains dialectes, et spécialement le Biscayen, emploient aussi le *g*. Ex. *Chori-g-a-ri*, avi, pour *chori-a-ri; nigan*, in me, pour *nitan*. Au pluriel, ces lettres euphoniques disparaissent souvent et l'hiatus se manifeste en toute liberté. Ex. *Handiei*, magnis, pour *handieri*, forme usitée encore dans certains cantons.

La consonne intercalaire ne s'emploie généralement pas non plus devant l'article final. On dira *handiaren*, magni, et non pas *handiraren; egiari*, veritati, et non pas *egirari*. Il en serait autrement dans les exemples tels que les suivants, *gophora*, la coupe, pour *gopho-a*. *Ezkerra*, la gauche (du Romano-provençal *escaï*.)

L'emploi de ces lettres euphoniques se retrouve fréquemment aussi, dans les mots composés. Ex. *Ugotcho*, brochet (litt. loup d'eau), pour *ur otcho* ou plutôt *u-otcho*, avec élision de la gutturale; *bethule*, cil, pour *begi-ule*, et par abrév. *be-ule* (litt. oculi capillus). *Huintutch*, nu-pied (pour *huin utch*). *Gudondarte*, triomphe, pour *gudu on arte* (litt. post bonam pugnam). Le *t*, ici, s'est changé en *d*, comme cela a lieu d'ordinaire après une nasale, Ex. *Elefandi*, éléphant, *enda* et *eta*, etc.

Le Français, lui-même, n'offre-t-il pas un emploi analogue de certaines lettres euphoniques, dans les locutions *y a-t-il? a-t-on vu ?* Mais chez nous, elles ne se placent qu'entre deux mots séparés, tandis qu'en Eskuara nous les rencontrons dans des mots composés, ou même au sein de la déclinaison.

Nous ne saurions regarder comme euphonique, la lettre *t* de l'inessif indéfini dans *handitan*, in magno, par opposition au défini *handiaan*. Car ici, elle disparaît au moment, où il serait le plus nécessaire de prévenir l'hiatus. Il en est de même, de la syllabe *ta* intercalée aux locatif, élatif et allatif de l'indéfini inanimé, puisque cette syllabe peut s'effacer et s'efface en effet à d'autres mode et genre, sans amener de rencontre désagréable à l'oreille. Ex. *Menditako*, pour une montagne, et *mendiko*, pour la montagne. Nous verrons plus loin quelle est la valeur et l'origine probable de cette dentale suivie ou non d'une voyelle. Peut-être, toutefois, est-elle purement euphonique à l'élatif défini, *menditik*, ex monte, pour *mendi-ik*.

Quant à la syllabe *gu* (abréviation de *gain*, dessus, sur), laquelle se rencontre aux correspondants de l'animé, par exemple : *Etsaiaren-ganat*, à l'ennemi (courir), il est clair qu'elle ferme une sorte de mot composé, tout comme le *ba* ou *baï* (signe de l'affirmation), parfois préposé à la désinence inessive en Labourdin. Ex. *Ni baithan*, in me (pour *nitan*). Elle a une valeur symbolique, marque le genre, et, suivant l'observation de l'abbé Darrigol, se rapproche de notre locution française *sur* ou *sus*, courir *sus* à l'ennemi, marcher *sur* une ville.

Nous passons sous silence, l'emploi des voyelles euphoniques, destinées à prévenir le choc des consonnes. Par ex. dans *hounetan* ou *huntan*, in eo. — *Gizonek*, sujet actif, pour *gizon-k.* — *Indarrez*, par force, pour *indarz*, etc. (Ici, le *r* redouble devant une voyelle.) Presque toutes les langues connues offrent des traces de ce procédé.

6° *Méthode intercalative.* — En Basque, ainsi que dans la plupart des idiomes à structure agglomérante, lorsque deux mots régis l'un par l'autre ou employés au même cas, se suivent immédiatement, le dernier pourra prendre seul la désinence caractéristique, et les autres se présenteront sous leur forme radicale. Par ex. on dira aussi bien *gizon, emakume, haur guziak,* tous les hommes, toutes les femmes, tous les enfants, que *gizonak, emakumeak, haurrak,* etc., etc. Ce serait un solécisme que de dire *zamariaren handiaren burua,* la tête du grand cheval ; il faudra supprimer la première désinence génitive, et dire *Zamari,* etc., etc.

Au reste, cette loi, dont certains dialectes indo-européens nous offriraient au besoin plus d'une trace, souffre, même en basque, bon nombre d'exceptions. Elle doit naturellement se présenter au sein des idiomes agglomérants, où elle prévient, ainsi que nous l'avons fait observer, la monotone répétition de désinences identiques.

7° *Flexions multiples.* — C'est une particularité des idiomes d'origine aryenne, que les désinences de cas ne se combinent presque jamais entre elles, et restent affectées à l'expression d'un rapport unique. En Basque, au contraire, les mêmes désinences peuvent s'unir l'une à l'autre, et souvent alors, elles expriment une relation complexe. Citons, par exemple, l'expression *eremutikan,* ex deserto, per desertum. Il est formé du radical *eremu,* désert, de l'élatif *tik* et de l'inessif *an.* — Le composé *Ezpanartekoan,* en partant pour l'Espagne, où nous trouvons l'allatif *ra,* le locatif *teko* et l'inessif *an.*

On pourrait, jusqu'à un certain point, comparer ces formes à celle du latin, *vobiscum,* ou mieux encore, aux désinences du Sanscrit *bhy-am, bhy-âs.* Latin *i-bus, a-bus.*

Très exceptionnel, chez les peuples indo-européens et restreint à un petit nombre de cas, leur emploi est au contraire continuel en Eskuara. Ces terminatives s'appliquent à tous les radicaux et forment une partie notable de la déclinaison.

De plus, dans le Latin *vobiscum*, la forme dative n'ajoute rien au sens, l'idée serait aussi clairement rendue par le barbarisme *vos-cum*. Au contraire, dans le Basque, *hementikarat*, d'ici en avant, chacune des deux flexions a son sens propre; l'élatif *tik* indique départ d'un endroit, et l'allatif *arat*, direction vers un autre endroit où l'on compte s'arrêter.

Il existe, d'ailleurs, en Basque, des terminatives régissant un cas spécial, sans pour cela étendre leur signification primitive. On pourrait, par conséquent, les rapprocher davantage de la forme latine précitée. Ex. *Aitaren-gana* (génitif et illatif), ou *aita-gana*, vers le père; *Zaldungoki* (locatif et adverbial), ou *zaldunki*, chevaleresque.

Voici une remarque, qu'il ne faut pas oublier, c'est que grâce à l'emploi de ces flexions multiples, les désinences des idiomes indo-européens et celles des idiomes agglomérants ont parfois une signification assez différente, lors même qu'elles pourraient être traduites l'une par l'autre. Nous en avons vu un exemple dans l'élatif inessif *eremutikan*. On le traduirait en latin par *ex deserto*, ce qui ne rend point l'idée exprimée par l'inessif.

§ II. — INDICES DE FLEXION.

Puisque nous retrouvons, au sein des idiomes les plus parfaits, certaines formes véritablement rudimentaires, nous ne devons pas être surpris de rencontrer dans les dialectes à organisation inférieure, quelques procédés qui indiquent comme une tendance à s'élever dans l'échelle linguistique. En un mot, le Basque, malgré sa structure franchement agglomérante, nous offre plusieurs exemples de véritable flexion, même au sein de sa déclinaison. Il ne sera pas question ici de ces légères mutations de fortes en faibles qu'éprouvent les consonnes de certaines désinences. Par ex. : *onyi, onyo,* bien, pour *onki, onko,* etc. Elles tiennent à des lois phonétiques dont nous n'avons pas à nous occuper ici. Laissons de côté, encore, certaines suppressions de consonnes. Par ex. *handirekin,* cum magno, pour *handiren kin,* dont on trouverait des exemples à peu près partout. L'on pourra déjà regarder comme un indice de flexion plus certain, le déplacement d'accent qui se produit lorsqu'un mot passe du singulier au pluriel. Ex. *yàuna,* le maître, et *yaunàk,* les maîtres. La flexion de la désinence se manifeste dans le changement à l'inessif défini de l'*a* en *e,* dont certains dialectes offrent l'exemple; *gizonean,* in homine, pour *gizonaan,* ou dans la contraction, au même cas, de la voyelle double en une longue, ex. *handian,* in magno. Ce genre de flexion se rencontre presque constamment, nous le verrons plus loin, dans la formation du pluriel.

Enfin la flexion de la voyelle ou des voyelles du radical se produit, d'abord dans la mutation de l'*e* en *i* devant l'article. Ex. *Izate,* être et *Izatia,* l'existence ; puis d'une façon plus sensible dans la déclinaison du pronom. Ex. *Ni,* je ou moi et *nere,* pour *nire,* de moi. *Haü,* hic; *Haünek,* ille ipse et *Hunen,* ejus. Ici peut-être le *a* est-il une lettre adventice, une sorte de *guna.* Nous pourrions même voir une espèce de flexion, ayant un caractère symbolique, dans cette abréviation de la désinence génitive du pronom personnel. Ex. *Zure,* de vous, votre, pour *zuren.*

Cap. II

Des caractères spéciaux de la déclinaison Basque

§ Ier. — DES DIVERS PARADIGMES DE DÉCLINAISON

1° *Du nombre ou mode.* — Bien que l'Eskuara ne possède point, comme nous l'avons vu, plusieurs formes de déclinaison, dans le sens du moins, où l'auraient entendu les Grecs et les Latins, néanmoins ses flexions casuelles n'en sont pas moins sujettes à de légères modifications que nous nous proposons d'étudier ici. La plus importante de ces causes modificatrices, c'est celle qui résulte du nombre. L'Eskuara reconnaît trois modes ou nombres, l'indéfini, le défini, ou singulier et le pluriel.

L'indéfini consiste dans le radical suivi ou non d'une flexion casuelle. Ex. *Hiri*, ville ; *on*, bon. Il laisse l'objet dans l'état d'indétermination le plus absolu. Par ex. *Gizonen esku*, main d'homme, main humaine. A l'inessif, ainsi qu'aux locatif, allatif et élatif inanimés, il fait précéder la désinence d'une syllabe *ta* ou de la dentale. Par ex. *Hiritako*, pro urbe ; *menditara*, ad montem. Le pronom personnel, quoique se rapportant nécessairement à des objets animés, emploie très souvent les marques de l'inanimé. Ex. *Nitarik*, ex me. Au médiatif, il prend régulièrement le *ta*. Ex. *Nitaz*, per me. C'est pour éviter toute confusion avec la forme verbiale *niz*, je suis.

L'origine de cette intercalation est fort obscure. Nous ne pensons pas pour les motifs exposés au n° 5 du § 1er du 1er chapitre, qu'elle soit purement euphonique. Vraisemblablement, elle se rattache à la finale *te* des noms verbaux, ex. *Izate*, illud esse ; par opposition à l'inessif du radical défini, qui constitue l'adjectif verbal ; par ex. *izan*, été, ayant été.

Le nombre singulier est marqué, généralement, par l'*a* final qualifié par les grammairiens d'article. Il se prépose à la désinence casuelle, et se trouve, lorsque besoin est, suivi d'une lettre euphonique. Ex. *Gizon*, homme (forme indéfinie); *gizona*, l'homme; *gizonen*, d'homme; *gizona-r-en*, de l'homme.

Remarquons que dans les cas où l'indéfini intercale la dentale ou la syllabe *ta*, *da*, le défini supprime même l'article. Ex. *Mendiko*, pour la montagne, et non *mendiako*. Le *t* euphonique ne se conserve, nous l'avons vu, qu'à l'élatif inanimé, mais avec suppression de la voyelle et du *r* euphonique suivant. Ex. *Menditarik*, d'une montagne; *Menditik* (pour *Mendiatarik*, *mendiarik*), de la montagne. Enfin, à l'inessif, l'article subsiste, malgré l'hiatus; ex. *Mendiaan*, in monte. Nous avons vu, que le plus souvent, la voyelle se change en une longue, ou bien le premier *a* se transforme en *e*. Cette mutation de la double en longue, a lieu généralement encore, pour tous les cas, lorsque le radical est lui-même terminé en *a*. Ex. *Ama*, mère, et *Amá* (pour *Amaa*, la mère); *Amaren*, matris, pour *Amaaren*. C'est un nouvel exemple de flexion terminative. Quelques dialectes, cependant, préfèrent maintenir la double voyelle. Il est clair que le 1er *a* d'*Amaa* était dans l'origine un article qui s'est incorporé au radical. On ne peut en douter, si l'on songe que l'*a* radical final ne se rencontre que dans des mots très usuels, très fréquemment employés, tels que *Aita*, père; *Anaya*, frère, etc. Par un procédé analogue, nous avons formé en Français *lierre* pour *le hierre* (illam hederam), *lendemain*, pour *le* (*jour*) *en demain*, etc.

En Basque, ainsi que dans tous les idiomes connus, l'article n'est point primitif, il tire son origine du pronom démonstratif. En effet, le démonstratif Basque est *Au*, ce; il se postpose au nom ainsi que l'article. On dira, par ex. *Gizon au*, cet homme et non *au gizon*. *Au* diffère de l'article par l'adjonction d'un *u*, lequel pourrait bien être euphonique, comme dans *Neure*, mien (forme dialectique), pour *nere*. On a droit de supposer, mais avec moins de probabilité que l'*a* est ici simplement comme guna, que la forme primitive était *u*. Remarquons que l'article Basque *a* n'est pas sans quelqu'affinité avec l'article *ar* du Breton; Ex. *Ar velek*, le prêtre.

Quelquefois, la désinence articulée marque simplement l'interrogation; *baï*, oui; *baïa*, oui donc? est-ce oui? — *Niz*, je suis, et *niza*, suis-je? — *Yaten dut*, je le mange, et *yaten duta*, est-ce que je le mange?

Le pluriel, nous l'avons dit, est toujours défini; *gizonak* signifiera *les* hommes, non *des* hommes. Il n'existe pas en Basque, de formes déclinatives rendant notre pluriel indéfini. Les désinences du pluriel Eskuara, comme les désinences de ce même nombre, dans la plupart des idiomes agglomérants, sont en général, les mêmes que celles du singulier. *En*, par ex., sera le signe du génitif aux deux nombres. Au contraire, dans le latin, *dominorum*, la désinence du génitif pluriel n'a plus rien de commun avec celle du singulier en *i*.

A l'origine, la marque du pluriel semble avoir consisté dans la désinence *ak*, précédant le signe du cas. Aujourd'hui encore, dans un dialecte de l'Eskalerra Espagnole, on dit au génitif pluriel *gizon-ak-en*, hominum, au datif du même nombre *gizon-ak-i*, hominibus. Il en était probablement de même dans l'antique langue Ibérienne. Il me semble assez naturel de lire les inscriptions d'antiques médailles *Nedhenakn* (monnaie), des habitants de Narbonne (*Nedhena*, en langue Ibérique); *Iltzkoskn* (monnaie), des habitants d'*Ilitzkosa*, comme s'il y avait *Nedhenaken, Ilitzkosaken*. Je ne saurais, sur ce point, partager l'avis de M. Boudard, qui admet avant l'*e* final, un *o* que l'on prononçait, mais que l'on n'écrivait pas, et lit: *Nedhenakoen; Ilitzkosakoen*.

Mais quelle est l'origine de la désinence plurielle en *ak*;

la même, je pense que celle de l'actif. Ce nombre et ce cas, exprimant tous les deux une sorte de renforcement dans la notion de l'objet, ont parfaitement pu recevoir un seul et même signe. S'il nous était permis de nous étendre un peu à ce sujet, et de faire de la philologie générale, sous prétexte de philologie Euskarienne, nous tâcherions de démontrer que de pareils procédés ont fleuri dans les familles de langues les plus diverses ; qu'en un mot, les signes de genre, de nombre n'exprimaient sans doute à l'origine, ni le genre, ni le nombre, mais seulement un renforcement ou un affaiblissement dans la notion objective (1). Par une sorte de métaphore, les Basques auront donc pris pour indiquer une augmentation, quant au nombre, le signe qui déjà marquait un accroissement dans l'activité du sujet. Cependant, le besoin d'introduire un peu de clarté dans le discours se faisant sentir, on a déplacé l'accent au pluriel, ainsi qu'il a été dit cap. Ier, § 2e.

Quant à l'origine de ce *k* final, elle doit sans doute être cherchée dans la désinence instrumentale *ka*, à, avec, par, au moyen de. Les Basques disent donc en quelque sorte *per hominem* pour *homines*.

Les autres cas du pluriel se sont contractés. On a trouvé trop dur et trop long de dire à l'actif pluriel *gizonakak*, au génitif *gizonaken*, et ainsi de suite. La syllabe *ak*, marquant le pluriel, s'est fondue en *ce* ou *ê*, *gizonen*, et par contract. *gizonên*, hominum. Mais par un procédé analogue, nous trouvons à l'inessif singulier *gizonean*, pour *gizonaan*.

La voyelle a dû se conserver intacte, encore longtemps après la chute de la gutturale. Du temps d'Oïenhart, on disait fort bien, à l'actif pluriel *mendiaek*, montes, par opposition au nominatif *mendiak*. On voit qu'ici la voyelle,

-----

(1) On pourra consulter à cet égard notre *Essai de Grammaire Hottentote*.

signe du pluriel , ne s'est modifiée et ne s'est fondue avec la voyelle, signe de l'actif, qu'après avoir transformé cette dernière en *e*. Aujourd'hui que le travail modificateur s'est complété, la forme régulière de l'actif pluriel serait *Mendiêk*.

Remarquons que le *r* euphonique du singulier ne se rencontre presque jamais au pluriel, et cela n'a rien qui doive nous surprendre. Ces consonnes euphoniques trouvent leur raison d'être dans l'article voyelle qui les précède; or, au pluriel, cet article étant *ak*, il ne pouvait y avoir collision entre la voyelle du radical et celle de la désinence. Le pluriel se trouvait donc, sous le rapport euphonique, juste dans la même situation que l'indéfini d'un radical à consonne finale.

C'est peut-être cette affinité phonologique de l'indéfini avec le pluriel, qui a déterminé les Basques à donner fréquemment à ce dernier le *ta* intercalaire de l'indéfini au médiatif, élatif, allatif, ex. *mendietaz*, per montes; *mendietarik*, ex montibus. Toutefois, il ne faudrait pas conclure de là que le pluriel ait jamais eu une autre valeur que la valeur définie.

Dans quelques cantons, par suite d'une bizarrerie difficile à expliquer, le *r* euphonique du singulier apparaît au datif pluriel, mais à ce cas seulement. Nous trouvons donc, suivant les localités, les trois formes *chorieri*, *choriei*, *chorier*, avibus. Les désinences plurielles sont assez souvent plus courtes que celles du singulier, par suite de toutes ces contractions. Ex. *handiekin*, cùm magnis, et *handiarekin*, cùm magno. D'autres fois, au contraire, c'est l'inverse qui se produit, le génitif s'ajoutant au pluriel, et non au singulier. Ex. *aita baithan*, in patre; *aiten baithan*, in patribus. Le causatif et le despectif, souvent pris l'un pour l'autre, aux deux cas précédents, se trouvent régulièrement distincts au pluriel.

Le signe de l'actif, à ce dernier nombre, est souvent préposé aux finales du causatif, sociatif, despectif, en place du radical simple ou du génitif qui les précèdent d'ordinaire à l'indéfini. Ex. *zurekin, zugabe,* cum te, sinè te (vous respectueux); plur. *zùekkin, zùekgabe.* Ceçi a lieu surtout pour les pronoms personnels. Ajoutons enfin, pour être le plus complet possible, que le *g,* à la fois signe du genre, et lettre euphonique, que l'on trouve au singulier et à l'indéfini, et dont il sera question au prochain numéro, ex. *nigan,* in me; *chorigari,* avi, ne semble pas se rencontrer au pluriel, que la voyelle qui précède la syllabe *ta* dans les finales telles que *ètaz, ètarik* est toujours longue, parce qu'elle n'est point à proprement parler euphonique, mais qu'elle tient lieu de la désinence plurielle. Du reste, le tableau joint à ce travail permettra de saisir d'un coup d'œil les particularités de la déclinaison Eskuara.

Remarquons que le duel n'existe pas, ou plutôt n'existe plus en Basque. Ceci peut être regardé comme une preuve des altérations que le cours du temps a fait subir à cet idiome. Très probablement, il a possédé ce nombre à l'origine, puisqu'on le retrouve dans toutes les langues qui ont conservé leur caractère primordial.

Le nom de nombre *bi,* deux, ajouté au nom ou à l'adjectif, lorsqu'ils ont un sens indéfini à la fois et pluriel, et qu'ils se trouvent soit au radical, soit à l'actif, soit au génitif préposé et dépourvu par là même de flexion propre, ne peut être considéré comme signe de duel. Ex. *izar bi,* deux étoiles. Tous les noms de nombre sont aussi susceptibles de se postposer. Ex. *gizon bat,* un homme. *zamar hirur,* trois chevaux. Il faudrait donc admettre un *triel,* un nombre quatrième, et ainsi de suite, jusqu'à l'infini.

Remarquons que l'on dit *izar bi,* deux étoiles, et non *izar bik* ou *izark bi.* Le signe du pluriel se supprime, car le nombre est suffisamment marqué par l'adjectif numéral. Si ce nom est suivi d'un verbe, l'adjectif numéral se prépose. Ex. *bi zamari ethorten dire,* deux chevaux sont venus. Si l'on veut exprimer l'article, on prendra la forme plurielle. Ex. *bi gizònek erroan dire*, deux hommes l'ont emporté (forme active), mais *bi gizonék erroan dire*, si l'on veut dire *les* deux hommes. *Hirur gizonez* (médiat. indéfini), par trois hommes, et *hirur gizonêtaz*, par *les* trois hommes. (Médiat. pluriel.)

2° *Du genre.* — Les idiomes agglomérants, pour la plupart, ne distinguent pas le masculin du féminin ; tout au plus donnent-ils quelquefois à l'animé des désinences différentes de celles du genre inanimé. Le Basque, lui, ne fait point exception à cette règle. S'il possède quelques rares désinences spéciales à chaque sexe, il les a empruntées toutes, ou presque toutes, aux idiomes d'origine latine. Il ne distingue l'animé de l'inanimé qu'à certains cas, à l'approximatif, à l'élatif, et parfois à l'inessif, ainsi qu'au datif. D'ordinaire, le nom de l'être doué de vie fait précéder la désinence de l'emphatique *gan* ou *gain*, ou d'une simple gutturale qui en est le signe abrégé. Ex. *erregearen ganat*, vers le roi, mais *mendirat*, vers la montagne. La finale destinative *tzat* ou *tza* est d'ordinaire, non toujours, spéciale au genre animé. A l'inanimé, on emploierait plus volontiers le locatif *ko*, ex. *erregearentzat*, pour le roi ; *mendiko*, pour la montagne. Néanmoins, on ne saurait considérer la désinence *tzat* comme la forme locative animée, attendu que si la forme en *ko* correspond souvent à notre préposition *pour*, suivie du nom d'un objet doué de vie, elle répond aussi parfois à notre préposition *de*. Or la finale *tzat*, *tza* n'a jamais ce sens. De plus, nous trouvons de temps à autre cette même finale employée adverbialement et ne se rapportant point à un nom d'objet qui la suive. Ex. *ontza*, bien. Enfin, les causatif et despectif, sauf un bien petit nombre d'exceptions, sont spéciaux à l'animé. On le voit donc, nous ne saurions établir un paradigme complet de déclinaison, pour chacun de ces deux genres. Nous nous bornerons à indiquer au tableau les désinences animées et inanimées, en les plaçant l'une à côté de l'autre.

Pour traiter la question aussi à fond que possible, nous allons passer en revue les divers procédés au moyen desquels l'Eskuara établit une distinction entre les genres, bien qu'ils n'aient point d'influence sur la marche de la déclinaison.

Lorsqu'il devient indispensable de marquer le sexe, surtout chez les êtres humains et les animaux, cet idiome a recours aux substantifs postposés *arr*, mâle, spéc. mâle d'oiseau. *Eme*, *urrich*, femelle, etc., etc. Ex. *gizon*, homme en général, et *gizarr*, personne du sexe masculin. *azkon*, blaireau, et *azkonarr*, blaireau mâle. *ollo*, poule, et *ollar*, coq. *basoillo*, faisande (litt. gallina sylvatica) et *basoillar*, faisand. *urde*, porc, et *urdeme* (pour *urde eme*), truie. *Zakhur*, chien, et *zakhur eme* ou *zakhur urricha*, chienne. La désinence *kato*, semble féminin dans *nerkato* ou *neskato*, servante (par opposit. à *nerabe*), garçon, domestique (litt. homo parvus, ou sub homine). En tout ceci, nous le voyons, l'Eskuara se comporte de la même manière que la plupart des langues agglomérantes et que certaines langues à flexion (l'Anglais par exemple).

Dans un petit nombre de mots, le sexe est indiqué par une sorte de mutation de la voyelle ou des voyelles radicales. Ex. *aretche*, veau ou génisse, et *orotch*, veau mâle. *urde*, porc, et *ahardi*, truie. Assez souvent, comme dans bon nombre d'idiomes de toutes les familles, le nom de la femelle est tiré d'un autre radical que celui du mâle. Ex. *behi*, vache, et *idi*, bœuf; *zamari*, ou *zaldi*, cheval, et *behor*, jument; *akherr*, bouc, et *ahuntz*, chèvre, etc.

Voici les manières de distinguer les sexes, que nous pouvons considérer comme indigènes. Passons maintenant aux procédés que l'Eskuara semble avoir pris aux idiomes Indo-Européens. Ce sera une preuve évidente de l'influence prodigieuse qu'exercent les langues à organisation supérieure sur celles qui sont moins parfaites, et des altérations que peut subir, quoi qu'on en ait dit, le système grammatical lui-même. L'*u* intercalé devant l'article marque, dans les deux mots suivants, le masculin comme en Latin; *seindua*, sanctus; *seinda*, sancta, *primua*, l'héritier; *prima,* l'héritière. Pour comprendre la valeur juste de cette expression, il faut se rappeler que dans certains cantons Basques, le droit d'aînesse s'exerçait de la manière la plus rigoureuse, au profit des femmes aussi bien qu'à celui des hommes. L'héritière qui épousait un cadet devenait, pour ainsi dire, chef de la communauté et donnait son nom à son mari. Ce mode de succession était déjà en vigueur chez les Astures, au temps de Strabon. Il en parle comme d'une institution prouvant la barbarie de ce peuple. Cet état de choses se maintint au moins sur quelques points jusqu'au temps de Louis XIV. Une chanson du temps, en patois, reproche au monarque d'avoir méconnu les droits des héritières. Quoique le genre de droit d'aînesse en question paraisse beaucoup plus vieux que l'établissement de la législation féodale, on a eu tort, je pense, de le regarder comme étant directement en opposition avec l'esprit de cette dernière. En Suède, nous a-t-on assuré, le droit d'aînesse s'exerce également au profit des femmes, du moins pour certains majorats. Il serait fort possible après tout que ce privilége des héritières, chez les Basques, ne se rattachât pas directement au système Asture, qu'il fût lui-même d'origine féodale, et que les Basques, se considérant tous comme gentilshommes, aient été amenés à constituer leurs terres en majorats féminins.

La désinence féminine *and*, contraction, pour *andere*, domina, puella, et que certains étymologistes font dériver du mot grec signifiant *homme* (de même que *virgo* pour *virago*, de *vir.*) se trouve dans *basoilland*, jeune faisande; *olland*, poularde, etc., etc.

Quelques mots Basques forment leur féminin en ajoutant *su* ou *za* au radical, procédé évidemment emprunté aux idiomes néo-latins. Ex. *okhin*, boulanger, et *okhinsa*, boulangère. *Debru*, diable, et *debruza*, diablesse. *Artzain*, berger, et *Artzainza*, bergère. *Abade*, abbé, et *abadeza*, abbesse. *Alhargun*, veuf, et *alhargunsa*, veuve. L'on dit en Castillan *abad*, abbé; *abadesa*, abbesse. *Diablo*, diable et *diableza*, diablesse. Remarquons en passant que le Bas-Breton possède le même mode de formation, qu'il a sans doute pris aux dialectes Romans. Ex. *diaoul*, diable; *diaoulez*, diablesse. *Abad*, abbé; *abadez*, abbesse. *Paotr*, pâtre; *paotrez*, bergère, etc. Le *d* de l'Eskuara dans *ardi*, brebis (de *ahari*, bélier) est peut-être pour un *z*, et *ardi* pour *aharz* (avec contraction de la première syllabe et *i* euphonique, comme dans *debruya*, *debruia*, ou *debrua*, le diable). Peut-être, enfin, la syllabe *di* est-elle une contraction de *andere*, et *ardi* pour *ahari andere*.

Les deux mots *oseba*, oncle, et *izeba*, tante, dans lesquels la préfixe semble marquer le genre, sont très probablement venus du grec, par l'intermédiaire des idiomes néo-latins. Ex. Castillan *tio*, *tia*. Romano-Provençal, *sio*, oncle, tante.

Dans le mot *manthorr*, chemise de femme (pour *eme-athorr*, par opposit. à *athorr*, chemise d'homme; le *n* étant ici euphonique, comme dans *intz* ou *itz*, rosée, eau, etc.), la préfixe marque le genre de la personne à laquelle l'objet appartient. On trouve des traces de distinctions analogues dans beaucoup d'autres idiomes, en Anglais. Par ex. pour les pronoms, s'accordant en genre avec le nom possesseur, non avec le nom dont ils dépendent; en Sanscrit, dans quelques mots, tels que *khumbha*, urne qui renferme les cendres d'un homme; *khumbhî*, urne contenant celles d'une femme.

Il semble être resté en Eskuara un vestige de cette vieille distinction entre la langue *féminine* et la langue *masculine*, que nous retrouvons en vigueur chez plusieurs nations barbares des deux continents. Pour désigner sa sœur, un homme dira *arreba* et une femme *ahispa* ou *aizta*.

En traitant de la conjugaison, nous parlerons de ces formes verbales variables, suivant que l'on s'adresse à une femme, à un enfant, à un supérieur, etc.

3° *De quelques particularités de la déclinaison Basque.* — Le Basque établit une distinction formelle entre la translation *animo manendi* et le mouvement de translation *transitoire*. Il dit, par ex. *yoan da etchera*, il est allé à la maison, avec intention de n'y pas rester, et *yoan da etcherat*, il est allé à la maison, pour y rester.

Toutefois, cette particularité n'existe que dans deux cas, l'illatif et l'intensif.

Quelquefois, cette suppression de la voyelle finale semble séparer la forme adverbiale ou inanimée de la forme animée. Par ex. *ontza*, bène et *ontzat*, pro bono. La désinence allative, comme nous le verrons plus loin, possède une désinence un peu différente suivant qu'elle s'applique à un monosyllabe ou à un polysyllabe. Enfin les terminatives *gaï*, *gheï* donnent une signification future, même au substantif et à l'adjectif. Ex. *senargheï*, fiancé (litt. mari futur, de *senar*, mari; ce mot paraît composé de la finale *ar*, mâle et de la racine *sen*, prob. d'origine Celtique. (Ex. Breton *sen*, vieillard. (Rapprochez-en le latin *senex*, le français seigneur). *Emaztegaï*, fiancée (litt. femme future). *Handighei*, qui doit grandir (de *handi*, grand). Certains idiomes agglomérants, du reste, imposent, dit-on, régulièrement des formes passées et futures au nom et à l'adjectif. Quoi qu'il en soit, ces particularités ne sont pas suffisantes pour donner naissance à de nouveaux paradigmes de déclinaison. Nous n'avons pas à parler ici des désinences radicales à consonnes ou à voyelles, des lettres euphoniques qu'emploient celles de la seconde classe. Il en a déjà été question plus haut. Il suffira de jeter les yeux sur le tableau pour voir qu'à l'actif, au médiatif, parfois aux inessif, élatif, illatif, etc., le radical terminé par une consonne prépose régulièrement un *e* euphonique à la désinence; que si

le radical a pour finale une voyelle, on intercale un *r*
entre cette voyelle et celle de la désinence aux génitif,
datif et cas formés du génitif. Quelquefois cet *r* tombe.
Par ex. *galduekin*, cum perdito, pour *galdurekin*. A
l'élatif inanimé on prépose un *t* à la désinence, quelquefois même, après avoir eu recours à l'*e* euphonique.
Ex. *burgozetik*, *burgoztik*, de la cité de Burgos. Le défini
est toujours terminé par une voyelle. Somme toute, nous
proposons de reconnaître quatre types de déclinaison, pour
le Basque : 1° Celui de l'indéfini des radicaux à consonne
finale; 2° Celui de l'indéfini des radicaux à voyelle finale;
3° Le type du défini, toujours terminé en voyelle; 4° Celui
du pluriel. C'est ce que fera parfaitement saisir un coup
d'œil jeté sur le tableau ci-joint.

§ II. — DE LA CLASSIFICATION DES DÉSINENCES CASUELLES.

Il est assez difficile, nous l'avons déjà vu, de discerner,
au sein des idiomes agglomérants, ce qui est cas de la déclinaison de ce qui est particule postposée. Les signes
de cas, en effet, sont toujours très faiblement unis au radical dont ils dépendent, et d'un autre côté, les particules de
relation sont toujours placées à la suite du nom. Nous
avons adopté la méthode suivante, la plus propre, ce semble, à porter quelque clarté au sein du système exubérant,
et quelque peu confus de la déclinaison Basque. Les
flexions seront divisées en trois groupes : 1° Les flexions
casuelles proprement dites; 2° Les flexions postpositives;
3° Les flexions composées.

Les flexions casuelles sont celles qui se rapprochent le
plus des désinences grecques et latines. Nous considérons
comme telles (le radical, bien entendu, mis de côté) : 1° Les
terminatives formées d'une consonne, soit seule, soit précédée d'une voyelle euphonique. Par ex. celles de l'actif
gizon-k, ou *gizonek*, du médiatif. Ex. *mendi-z*, *gizonez*;

2° Les flexions monosyllabiques, à voyelle initiale, et qui prennent le *r* euphonique ; celles, par exemple, des génitif et datif ; 3° Les terminatives qui ont la préfixe *ta* ou *eta*, pour l'un ou plusieurs des trois modes. Ex. *mendirat*, vers la montagne, et *menditarat*, vers une montagne ; 4° Les désinences spéciales à un genre ou mode ; par ex. le destinatif, régulièrement réservé pour le seul genre animé, l'intensif qui n'a pas d'indéfini, etc. Tout bien considéré, nous croyons pouvoir porter le nombre des flexions casuelles propres du Basque à douze, qui sont les suivantes (indép. du radical) :

Actif.	*Locatif.*	*Intensif.*
Médiatif.	*Destinatif.*	*Allatif.*
Génitif.	*Inessif.*	*Elatif.*
Datif.	*Illatif.*	*Causatif* et *Despectif.*

Les flexions postpositives consistent dans un monosyllabe suffixe ajouté au radical, et qui lui est uni par l'unité d'accent. Ex. *eder*, beau, et *edertò*, pulchré. On peut les comparer à la finale latine *cùm* dans *vobiscum*. Ces suffixes peuvent d'ailleurs être précédées d'une voyelle euphonique. Par ex. *lazter*, rapide, et *lazterrerò*, rapidement ; adoucir la voyelle finale. Ex. *ongi*, bien (pour *onki*) ; être précédées de la finale du génitif, car cette finale s'ajoute ou se retranche avec tant de facilité, qu'elle ne peut, par sa seule adjonction, suffire à constituer un cas composé. Ex. *aitarekin* (pour *aitaren-kin*) ou *aitakin*, cum patre.

Ces flexions postpositives nous paraissent être au nombre de onze, dont voici la liste :

Sociatif.	*Sublatif.*	*Contributif.*
Modal.	1ᵉʳ *Adverbial.*	*Unitif.*
Caritif.	2ᵉ *Adverbial.*	*Inclusif.*
Instrumental.	*Continuatif.*	

Quant aux cas composés, ils résultent de la juxta-position de deux ou plusieurs des désinences précédentes, l'une à l'autre ; qu'elles soient flexions casuelles ou flexions postpositives, peu importe. Les flexions composées sont doubles, lorsqu'elles résultent seulement de la fusion de deux désinences ; par ex. *kampokorò*, du dehors, où nous trouvons le locatif *ko* et l'adverbial *rò*, et multiples, lorsque trois éléments ou un plus grand nombre ont concouru à leur formation. Ex. la désinence *bagetanik*, sinè, où nous rencontrons le caritif *ge* ou *bage*, l'inessif *tan* et le datif actif *ik*. Il ne suffit pas pour qu'il y ait véritable flexion composée, que deux désinences casuelles ou postpositives soient ajoutées l'une à l'autre, il faut qu'elles puissent se rencontrer séparées, ne soient pas l'équivalent d'une flexion simple et ne servent pas simplement à marquer le nombre. Eclaircissons ceci par un exemple : *aitarekin* ne sera pas une flexion composée, parce que, dans certains dialectes, la finale *kin* ne peut exister, du moins au singulier isolée du signe génitif, que dans d'autres le *en* est par redondance, et que *aitarekin* a juste le même sens que *aitakin*. *Handirentako*, pro magno, est au contraire composé, parce que la finale *tako* est par elle-même tout à fait indépendante du génitif, et que leur réunion ajoute quelque chose au sens du mot. Nous ne voyons qu'une désinence simple dans *zuékkin*, cum vobis, parce qu'ici le signe de l'actif pluriel se supprime dans beaucoup de dialectes ; que, dans d'autres, il marque le sociatif pluriel, et qu'il faudrait alors regarder le singulier du sociatif comme un cas simple, et son pluriel comme un cas composé.

Le nombre des flexions composées paraît fort considérable ; nous ne pouvons nous flatter de les avoir toutes réunies. Quoi qu'il en soit, nous donnerons dans le tableau de la déclinaison la liste des plus importantes.

Nous consacrerons quelques lignes également à l'étude de noms ou pronoms formant de nouveaux radicaux décli-

nables, par leur réunion à une flexion déclinative. On aura
soin aussi de présenter enfin la liste des principales postpositions Basques, sans lesquelles l'étude de la déclinaison
resterait incomplète.

Cap. III

De la valeur et de l'emploi des flexions déclinatives

§ Ier. — FLEXIONS CASUELLES PROPREMENT DITES

Le radical servant en Basque de nominatif, de vocatif et généralement aussi d'accusatif, nous ne pouvons nous dispenser de commencer par lui, l'étude des flexions casuelles. A l'indéfini il ne prend aucun signe particulier. Ex. *gizon*, homo; au défini, il se postpose l'article. Ex. *gizon-a*, l'homme. Le pluriel est en *ak*, ex. *gizon-ak*, homines. Le radical soit défini, soit indéfini, soit pluriel, sert à rendre :

1° Le sujet d'un verbe neutre ou passif, ou du verbe substantif; que ce dernier soit exprimé ou sous-entendu. Ex. *Hemen da zure adiskidea*, votre ami est ici. *Yauna dator*, le maître vient. *Erhoaren sinhestea zuhur ustea*, la pensée du fol est qu'il est sage. (Litt. Insani cogitatio, sapientis opinio.) *Itchasoan hil direnak*, ceux qui ont péri dans les flots, etc., etc.

2° Le vocatif. Ex. (Dial. Labourdin,) *argia eta iluna, bedeinka zazue yauna;* lumière et ténèbres, louez le Seigneur. Remarquons à ce propos que le Basque emploie généralement le radical défini pour rendre le vocatif, même lorsque le sens est indéfini.

3° Le régime direct, sauf certaines circonstances spéciales, dans lesquelles on emploie aussi le datif actif. Ex. (Dial. de Marquinà.) *Erakusi egidazu arpegiya*, montremoi ton visage. Le Basque est un de ces idiomes qui n'ont pas senti la différence entre les notions objective et subjective, non plus que le Finnois, et c'est pourquoi il les exprime toutes deux par un seul et même procédé.

4° Le régime de certaines postpositions. Ex. *torrea bezela, torrea legez,* comme une tour. N'oublions pas enfin

que le radical a quelquefois une valeur adverbiale. Ex.
egun, aujourd'hui, et *eguna*, le jour.

A. Actif.

A l'indéfini et au défini est en *k*, précédé au besoin de *e*
euphonique. Ex. *gizonek*, *gizonak*. Au pluriel il est en
êk ou *eek*, autrefois *aek*. Nous avons déjà dit pourquoi. En
Guipuscoan, l'actif pluriel est en *ak* et ne se distingue (sau
par l'accent), ni de l'actif de singulier ni du radical pluriel.
On met à l'actif :

1° Le sujet de la voix transitoire. Ex. *haurrak yan du*,
l'enfant a mangé.

2° Le sujet du verbe actif. Ex. (Dial. Labourd.) *zure
lepoak iduri du bolziko dorrea*, tuum collum assimilatum
est eburneæ turri. Il en serait de même si le verbe transitif ou actif était sous-entendu. Ex. *urde gosseak, ezkur
ametch*, porc affamé rêve de glands. *Horak non mina,
han mihia*, le chien (porte) la langue, là où (est) son mal.

3° Le cas actif, par une particularité assez bizarre (1), se
conserve dans la forme adjective du verbe, là où les Latins
emploieraient l'ablatif. Ex. *aitak hil arazi du*, le père a
fait mourir, et *aitak hil arazi duena*, celui que le père a
fait mourir. *Nik egin dudan liburua*, le livre que j'ai fait.
Aitak hil arazia, celui que le père a fait mourir. *Nik
egina*, ce que j'ai fait.

On se rend facilement compte de ce caractère de l'actif
Basque, participant à la fois de l'ablatif et du nominatif
latin, si l'on voit dans le *k* final une contraction de l'instrumental en *ka* ou *ga*. D'autres langues, du reste, ont recours
à des procédés semblables. M. Stenthal nous affirme que
pour rendre cette idée « rex scripsit hunc librum », le Ti-
bétain tourne ainsi « per regem hujus libri scriptura. »

____

(1) Note de M. l'abbé Inchaupse.

4° La désinence active s'applique encore au traitement masculin du verbe. Ex. *nuk*, je suis (parlant à un homme) par opposit. à *nun*, je suis (lorsqu'on s'adresse à une femme), et quelquefois à la seconde personne impérative de certains verbes. Ex. *emak*, donne, de *ematia*, donner, etc., etc. Nous ne parlons pas ici du participe passé, lequel prend le *k* final. Il constitue, comme on verra plus loin, un vrai cas composé.

B. Médiatif.

A pour caractéristique le *z* final. Ex. *mendiz*. A l'indéfini, il est quelquefois précédé du *c* euphonique. Ex. *gizonez*. Le pluriel prend le *ta* préfixe, parfois précédé lui-même du *ê*. Ex. sing. *aitaz*, per patrem; *aitêtaz*, per patres. Le Labourdin emploie *tzaz*, pour *taz*. Ex. *emastetzaz*, per fœminas; *nausietzaz*, per dominos. Je pense que ce *tz* n'est qu'une altération euphonique pour *t*. On sait que les Labourdins font leur infinitif en *tze*, pour *te*. Dans les autres dialectes, même, on voit le *z* final de médiatif se changer volontiers en *tz*. Ex. *bayetz*, que oui (litt. per ita); *ezetz*, que non; *nik eginetz yeroa*, après que j'ai fait. Le pronom personnel de la première et celui de la deuxième font leur médiatif en *taz* ou *zaz*. Ex. *nitaz*, per me; *gutaz*, ou *guzaz*, per nos. Ce cas exprime :

1° L'idée de l'instrument employé pour faire telle ou telle chose, pour obtenir tel ou tel résultat. Ex. *borchaz*, par force; *enganaz*, par ruse; *galduko dudan beldurrez*, parce que j'ai craint, par crainte de le perdre, etc., etc.

2° Il peut répondre, suivant l'occurence, à nos prépositions *de, au, avec, en, après*. Ex. *lirioz ingurutua*, entouré de lis; *ardoà edanaz ardanòya ézta arrankùra*, l'ivrogne ne se soucie pas du vin qu'il a bu; *trompet'otchez*, au bruit de la trompette; *emak zaretaz*, donne à plein panier; *koztuz*, aux frais de; *belzuriz*, en fronçant le sourcil;

aphainduz, en raccommodant ; *franzesez erraiten da*, l'on dit en Français ; *habelez aurthiki*, lancé avec la fronde ; *adiskidia ikhértuz har hézak*, prends l'ami après l'avoir éprouvé.

3° Ce cas sert quelquefois à rendre l'ablatif latin. Ex. *nere bihotzez zeraut yabetu*, qui s'est emparé de mon cœur.

4° Ou notre préposition *pendant*. Ex. *gauaz, gabaz*, de nuit, pendant la nuit.

5° Ou notre adverbe en *ment*. (Le Basque ne rend guère l'adverbe que par le radical simple, une flexion casuelle ou une flexion postpositive.) Ex. *guzi*, tout, et *guziz*, notamment, surtout ; *aldiz*, contrairement, par contre ; *nekez*, difficilement (*neke*, peine, difficulté, fatigue).

6° La première et la seconde personne de l'indicatif présent du verbe *être*, lesquelles, suivant toutes les apparences, ne consistent que dans le médiatif régulier du pronom personnel. Ex. *niz*, je suis (de *ni*, ego ; litt. per me) ; *hiz*, tu es (de *hi*, toi ; litt. per te).

7° Le même cas forme des dérivés. Ex. *buruz*, en tête (de *buru*, tête) ; *ezkaz*, insuffisant (du radical *ezka*, petere, flagitare).

8° Il est employé dans certaines locutions, telles que les suivantes : *noiz*, quand (de *nor*, quoi, quel ?) ; *noiz edo noiz*, une fois ou l'autre ; *egun oroz*, toute la journée ; *ainzinez ainzin*, face à face ; *mendiz mendi*, de montagne en montagne ; *bethi nago hasberenez*, je ne fais que soupirer (litt. semper stoper suspiria) ; *besoz-beso*, bras dessus, bras dessous ; *tokiz toki*, de lieu en lieu.

9° Enfin il sert à former certains dérivés indiquant la profession. Ex. *okhin*, boulanger, et *okhinza*, boulangerie, le métier de boulanger.

Dans certaines circonstances, l'on peut employer indifféremment le médiatif ou l'instrumental. Ex. *indarrez* ou *indarka*, par force ; *huinez* ou *huinka*, à pied ; *zaldika* ou *zaidiz*, à cheval. Le dialecte de Bermeo emploie souvent le sociatif en *gaz*, pour le médiatif. Ex. *ezanagaz* (pour *ezanaz*), dicendo. Nous serions fort portés à voir dans la finale médiative une abréviation du pronom *zer*.

C. Génitif

Est en *en* après une consonne ; en *ren* après une voyelle ; en *én* ou *een* au pluriel (suivant les dialectes). Ex. *gizonen*, d'un homme ; *gizonaren*, de l'homme ; *gizoneen* ou *gizonén*, des hommes. Le pronom personnel supprime le *n* final et quelquefois le *e* précédent, devant une voyelle. Ex. *gure* nostri (de *gu* nos) *gur'aita* (pour *gure* ou *guren aita*), pater noster ; *zure* (pour *zuren*), de vous, vôtre, etc. Dans le dialecte Labourdin, surtout aux environs de Bayonne, le *r* euphonique s'efface et parfois le *n* seul ou précédé de *e* demeure comme signe du génitif. Ex. *aitan*, *aitaen*, patris ; *laztan emallea*, abrazador, etc. Toutefois ces formes sont regardées comme vicieuses, par les grammairiens, qui considèrent *aitaren* comme la seule forme régulière.

Les Basques font du génitif, en *en*, un usage moins fréquent que les Latins du cas correspondant. On a recours à lui, 1° lorsque le régime de la préposition *de* est du genre animé. Ex. *aitaren izenian*, in nomine patris. 2° Qu'il exprime un rapport de dépendance, plus ou moins intime, mais ne marque ni la destination de l'objet, ni la localité où il se trouve. Dans cette dernière occurence, il conviendrait d'avoir recours à d'autres cas, mais spéciale-ment au locatif. Ex. *mahainaren zankoa*, le pied de la table (qui fait partie de la table), mais *mahainko zankoa*, le pied de la table (qui doit être ajusté à la table, mais ne s'y trouve pas attaché pour le moment) ; *mendiren itzala*, l'ombre de la montagne, projetée par la montagne au moment où on parle, et *mendiko itzala*, l'ombre qui se trouve sur la montagne ; *munduaren argia*, la lumière du monde (éclairant le monde), et *munduko argia*, la lumière qui se trouve dans le monde; *kristallen argitassuna*, l'éclat du cristal, mais *zeruko izarrak*, les étoiles du ciel. Néanmoins, dans l'usage, ces désinences sont bien souvent confondues. Ex. (dial. Guip.) *Kanten kanta;* (dial. Lab.) *kantiketako kantika*, le cantique des cantiques; *izanen* ou *izango* (suivant les dialectes), futurus.

Lorsque l'on veut indiquer la substance dont une chose est faite, on a recours, ainsi qu'il sera dit plus loin, non au génitif, mais à la forme en *zko*.

Très souvent l'on marque le génitif simplement en préposant le nom régi au régisseur. Ce procédé sert surtout à faire des sortes de mots composés, ainsi que dans beaucoup d'autres idiomes. Ex. *muru chori*, moineau (litt. oiseau des murs). *Bagant-etche*, maison de paysan. Parfois, ces deux composants subissent quelques modifications, prennent des lettres euphoniques, s'abrégent, etc., etc. Ex. *yauregi*, château, avec *r* euphonique, pour *yaun tegi* (litt. casa Domini). *Eskualdun*, Basque, pour *euskaradun* (litt. possesseur *de la langue euskara*). *Ugotcho*, brochet (voy. n° 5, § 1er, cap. 1er).

Parfois ces modifications sont tellement considérables, que l'un des radicaux se trouve éliminé. Ex. *orzanz*, tonnerre (pour *orz azanz*, bruit du nuage). *Itzaïn*, bouvier (pour *idi zaïn*, bovium custos). *Sagarnoa*, cidre (pour *sagar arno*, vin de pommes). *Astezken*, mercredi (litt. ultima initii, pour *aste azken*), etc., etc.

Nous venons de voir dans quelles circonstances on évite l'emploi du génitif, il est temps de revenir à l'examen des cas dans lesquels on l'emploie.

3° Il sert encore à rendre le régime direct du nom verbal, sauf en Labourdin, où l'influence française a fait prévaloir l'usage du radical. Ex. *amàren languntzeko*, pour accompagner la mère (litt. pour l'accompagnement de la mère). Le nom verbal remplaçant notre infinitif, il était naturel qu'il régît le génitif, non l'accusatif radical.

4° Le régime indirect de *gehien*. Ex. *piloten gehien da Martinen*, au jeu de balle, il est plus fort que (litt. supérieur à) Martin.

5° Le régime direct de la plupart des postpositions et d'un assez grand nombre de flexions casuelles. Ex. *arantzên artean*, inter spinas. *Etchearen ondoan*, auprès de la maison. *Aitarckin*, cum patre (pour *aitaren kin*). Avec les flexions casuelles il se supprime néanmoins assez souvent, ainsi que nous aurons occasion de le voir.

6° Le superlatif absolu ne consiste que dans le génitif pluriel, suivi de l'article. Ex. *handi*, grand; *handién*, magnorum, et *handiena*, maximus (litt. ille magnorum).

7° Pour marquer le futur le Labourdin et le Navarrais mettent généralement au génitif (1) le nom verbal ou verbe auxiliaire. Ex. *izan*, etc.; *izanen*, futurus; le Souletin emploie indifféremment dans ce cas le génitif ou le locatif. Si toutefois l'adjectif verbal était terminé par un *n* il emploierait uniquement la forme en *en*. Il dirait *emanen, yanen*. Sauf cette exception, il conserve la liberté de choix et pourra dire *ekarriko* ou *ekarriren* (du radic. *ekarri*). *Sarthuko* ou *sarthuren* (du radical *sarthu*). *Yoko* ou *yoren* (de *yo*), etc. Le Biscayen, au contraire, et le Guipuscoan ne font usage que du locatif en *ko* ou *go* (euphonique) et disent *yango, ekarriko, emango*, etc.

8° On emploie enfin le génitif dans les locutions suivantes : *arren*, donc (du Béarnais *arre*, quelque chose, pris lui-même du lat. res). *Bederen*, au moins (de *bedera*, chacun). Remarquons que le mot au génitif se place toujours avant le régisseur. *Anaïaren ematzea*, l'épouse du frère, et non *ematzea anaïaren*. (Pour l'origine de ce cas, voy. cap. Ier, § 1er.)

______

(1) **Note de M. l'abbé Inchaupse.**

D. Datif

A pour caractéristique la finale *i* qui subsiste seule après une consonne. Ex. *gizon-i;* on intercale le *r* euphonique après une voyelle. Ex. *mendiri, gizonari.* Le pluriel est, suivant les dialectes, ainsi que nous l'avons déjà vu, en *êr, êi, êri, i.* Ex. *choriêri, choriêr, choriêi,* avibus; *euroi,* istis (de *eurok,* isti). Dans quelques dialectes on intercale au singulier un *g* entre l'article et la voyelle finale ; du moins si le nom est du genre animé. Ex. *chorigari,* avi.

1° Le datif Basque s'emploie à peu près de la même façon que le cas correspondant en latin. Ex. *nori berea da chuchen bidea,* cuique suum est justi via.

2° Avec le nom verbal, il remplace quelquefois notre préposition *lorsque.* Ex. *hàren yoitiari nigar égin du;* il a pleuré, lors de son départ.

3° Il remplace quelquefois également notre participe présent précédé de *en,* ou notre infinitif précédé de la préposition *de.* Ex. *ikhustiàri izitu da,* il a été effrayé de voir, en voyant.

4° Le participe passé d'un certain nombre de verbes semble formé par l'adjonction au radical de la marque du datif. Ex. *ebak,* couper, et *ebaki,* coupé. *Bidal,* trouver, et *bidali,* trouvé. *Zorrotz,* aiguiser, et *zorrotzi,* aiguisé.

Dans certains cas où notre datif peut se tourner par les prépositions *en, sur, vers, auprès,* ou bien marque de destination, les Basques s'expriment au moyen de l'inessif, de l'élatif, de l'illatif ou du destinatif.

Il semble que ce soit le datif précédé du *r* euphonique qui ait donné naissance à la désinence *ari,* marquant état, profession. Ex. *kantari,* chanteur (litt. ad illud cantare). *Mintzari,* bavard (de *mintz,* parler). *Letrakari,* facteur (*letra,* lettre). Il se pourrait néanmoins que la désinence en question fût empruntée au Latin *arius*, à l'Espagnol *ario*. L'emprunt aux langues Latines ne semble pas douteux pour les mots *bikhari*, vicaire (Latin vicarius). *Botikario*, pharmacien (Esp. boticario).

L'origine de cette flexion est fort obscure, peut-être dérive-t-elle d'un ancien pronom *i*, aujourd'hui perdu, ou même d'un adoucissement du pronom *au*, *a*.

E. Locatif

A pour caractéristique la finale *ko* ou *go* (cette dernière par euphonie, spéc. après la nasale). Ex. *ongo*, bien, pour *onko*. Sous sa forme simple, cette désinence ne s'est plus conservée qu'au défini. Elle est quelquefois précédée d'un *e* euphonique, surtout si le radical est terminé par une double consonne. Ex. *mahatcheko* ou *mahatchko*, pro uvâ. Avec les noms de localité, lesquels prennent la désinence définie, nous trouvons parfois, mais assez irrégulièrement, les formes en *ako* et *eko*. Ex. *Nafarroako errege*, roi de Navarre, roi de la Navarre; *Madrideko, Madridko*, de Madrid. Le locatif indéfini est en *tako* ou *etako*, par euphonie : *menditako, onetako*, pro monte, pro bono. Le pronom personnel prend la même forme : *neretako*, pro me. Au pluriel, il est en *tako* si le radical se termine en *e*, et en *êtako* dans les autres cas. Ex. *emaztetako*, pro feminis. *Alhor ereinetako*, pour les champs ensemencés. Remarquez que, dans certains mots composés, le *o* final s'efface devant une voyelle. Ex. *etchek' anderia*, maîtresse de maison (pour *etcheko anderia*).

Le cas s'emploie, nous l'avons déjà vu :

1° Pour rendre l'idée de génitif, lorsque le régi n'est pas considéré comme intimement uni au régisseur, ou lorsque la particule *de* indique *cause, destination*. Ex. *fedeko artikulubak*, les articles de foi. *Lenengo zazpirak*, les sept premiers (du commencement). *Holako da nere anaya,* tel est mon frère (litt. de telle sorte). *Betiko biciya,* la vie éternelle (litt. de toujours).

2° Lorsqu'il s'agit de rendre une notion de localité. Ex. *ibarreko lirioa,* le lis de la vallée.

3° Il correspond à *pour* si le régime est inanimé. Dans le cas contraire, on aurait recours au destinatif. Au pluriel, cependant, il s'emploie à l'occasion avec des noms d'objets animés. Ex. *gizonêtako,* pro hominibus. Remarquons que le pronom personnel, bien qu'il s'applique exclusivement à des êtres animés, prend la finale du locatif plus volontiers que celle du destinatif. Il vaudra mieux dire *neretako,* pro me, que *neretzat.*

4° Il nous est bien difficile de ne pas voir l'emploi du locatif précédé de l'article *a* dans la finale du comparatif *go,* laquelle peut s'ajouter à un nom ou à un verbe aussi bien qu'à un adjectif. Ex. *beroago,* plus chaud. *Gizonago,* plus homme. *Yatengo dut bertzeak bâno,* il mange plus que les autres. Plusieurs savants vasconisants repoussent cette filiation de la finale comparative, parce qu'on trouve toujours au comparatif, non la forme *ko,* mais celle en *go,* précédée de l'article. Si on rejette l'étymologie ici proposée, il devient bien difficile d'en trouver une autre pour ce degré de comparaison ; d'ailleurs, la langue Basque rendant le superlatif au moyen du génitif pluriel, n'était-il pas tout naturel qu'elle affectât au comparatif un autre cas de la déclinaison, et quel pouvait mieux convenir que le locatif ? Enfin, la mutation du *k* en *g* se rencontre très fréquemment en Basque, et dans les circonstances les plus diverses.

Nous avons vu, en parlant du génitif, dans quels cas la particule locative marque le futur. Beaucoup de dérivés se forment en ajoutant l'article à la désinence *ko* ou *go.* *Burukoa,* la coiffe (litt. quod ex capite). *Ostikoa,* le coup de pied. *Egitekoa,* la vérité (*egi,* vrai). *Zertako,* parce que. *Oretako, ortako,* c'est pourquoi, etc.

La désinence en *kor* équivalent au *bilis* des Latins. Ex. *handikor*, sujet à grandir (*handi*, grand) ; *errakor*, inflammable (*erre*, brûler), semble résulter de l'adjonction au *ko* locatif d'un *r* euphonique. Ce *r* disparaît ou est remplacé par un *i* dans les finales *khoï*, *koï*, marquant propension, penchant. Ex. *hunkhoï*, aimant ce qui est bon (*hun* ou *on*, bon). *Ichilkoï*, taciturne (*ichil*, tacere).

Quelquefois le *k* ou *kh* disparaît. Ex. *handioï*, hautain, altier. *Burhoï*, tête (*buru*, tête). Peut-être la désinence *keria*, ex. *handikeria*, affectation de grandeur ; *ordikeria*, trait d'ivrognerie (*ordi*, ivrogne), est-elle adoucie pour *koria*. On pourrait être tenté de retrouver dans les terminatives *khura* et *kura*, qui indiquent *fractionnement, partie*, le résultat d'une combinaison du locatif et de l'illatif. Ex. *handikura*, portion agrandie. *Churikura*, blancheur partielle (*churi*, blanc).

Le locatif Basque en *ko* offre bien de l'analogie avec la préposition Irlandaise *go*, pour (*Erin go bras*, Ireland for ever). Cette particule est apparentée au Latin *cùm*, se retrouve en Sanscrit et paraît être entrée en Basque, où elle est devenue de préposition, postposition, par l'intermédiaire des langues Celtiques.

La vérité de cette opinion, toutefois, est loin d'être démontrée et elle soulève bien des difficultés. Si les Basques changent volontiers le *k* en *g*, par ex. *go*, euphonique, pour *ko*, *gathibu*, captif (Lat. captivus), l'inverse a bien rarement ou même jamais lieu. Il faudrait donc admettre qu'au moment où cette particule aurait passé du Celtique au Basque, elle n'avait pas encore adouci sa consonne initiale. De plus, cette finale *ko* se retrouve dans un nombre assez considérable de villes de l'antique Ibérie, et situées sur des points très divers de la Péninsule. Ex. *Calagurris* (cité des Illergètes), prob. pour *Kalako hiri* (litt. la ville du jonc). *Ascoa* (cité du pays des Carpétans), litt. illa ex rupe (*as*, roc, pierre). *Urbicua* (ville de l'Ibérie centrale), pour *Ur bi ko a* (litt. celle des deux eaux).

Pour pouvoir soutenir l'origine Celtique de la finale *ko*, il faudrait donc commencer par admettre trois hypothèses, pour le moins, fort hasardées : la première, qu'une préposition se soit changée en postposition ; que sa forme primitive dans les langues Celtiques ait été *ko* et non *go;* et enfin, chose plus difficile à concevoir que tout le reste, que des emprunts aient été faits à la langue des Celtes par les Ibères, à une époque où ces derniers ne s'étaient point encore dispersés, ne formaient qu'une seule tribu et ne pouvaient encore, par conséquent, s'être fixés dans l'Europe occidentale.

On ne saurait, d'un autre côté, croire que les Celtes aient pris leur préposition aux Ibères, puisqu'elle leur est commune avec divers autres rameaux de la souche Indo-Européenne. Le plus simple serait, peut-être, de ne voir, dans cette ressemblance entre la particule Irlandaise et le signe du locatif Basque, que le résultat d'un de ces hasards dont la science philologique nous offre maint exemple.

F. Destinatif

Sa forme est en *tza* ou *tzat*, assez souvent précédé du signe du génitif. Ex. *handirentzat,* pro magno. *Umetzat,* pro filio. Lorsqu'il s'agit de former un adverbe, le *t* final tombe souvent. Ex. *ontza*, bien. Il se rencontre cependant des exemples du contraire. Ce cas rend :

1° A l'animé, notre préposition *pour.* Ex. *neretzat,* pro me. *Aitarentzat,* pro patre. On a cependant quelques exemples de l'emploi de cette forme au genre inanimé. Ex. (dial. Labourd.) *eta mahastizainak fruitentzat zor ditu,* et vineæ custos pro fructibus debet (avec régime pluriel).

2° Quelquefois, il rend nos prépositions *à, avec,* lorsque

ces dernières marquent causalité. Ex. (dial. Guipusc.) *bidekoe bat egin beretzat*, prendre avec soi, pour compagnon de route (litt. illum viæ unum facere pro se). *Ni nere maitearentzat*, ego dilecto meo. *Guratotzat daukat*, je l'ai pour père.

3° A l'inanimé, cette désinence forme, ainsi que nous l'avons vu, une sorte d'adverbial. Notre préposition *pour*, suivie de l'inanimé, se rend, comme il a été dit, par le locatif en *ko*. Nous avions d'abord regardé la forme en *ko* comme constituant le genre inanimé du destinatif en *tzat* ou *tza*, mais il nous a fallu abandonner cette manière de voir. D'abord, la forme locative diffère beaucoup plus de la forme destinative que l'inanimé d'aucun autre cas ne diffère de l'animé; c'est ce que nous verrons tout à l'heure. Ensuite la désinence *go*, *ko* correspond, dans certaines circonstances, beaucoup plus au génitif qu'au destinatif. Enfin, la forme *tza* peut être considérée comme l'inanimé régulier du destinatif.

4° On a recours au destinatif dans quelques locutions, telles que les suivantes : *aintzat zauzkat*, talem te puto. *Bat bestetzat*, quiproquo. *Zertzat eta zeintzat naukate*, quid et quem me putant, etc., etc.

Ce cas est formé, suivant toutes les apparences, du *tze*, signe de l'infinitif, et de la finale illative *a* ou *at*.

G. Inessif

A pour caractéristique la finale *an*. L'indéfini et les noms de nombre sont en *tan*, *etan*. Ex. *handitan*, in magno. *Gizonetan*, in homine. *Hirutan*, en trois. *Hunetan*, *huntan*, in illo.

Le pronom personnel est souvent traité comme l'indéfini. Ex. *nitan*, in me. Le défini est en *ean*, *aan*, *àn*, *ian*. Ex. *herrian*, in regione. *Gizonean*, in homine. *Aitaan* ou *aitan*, in patre. Tout ceci est vrai, surtout pour le

Souletin. Le Guipusc. et quelques sous-dialectes possèdent, pour le défini animé, le pronom personnel et spécialement les noms propres, une forme en *gan* ou *egan*.
Ex. *nigan*, in me. *Zugan*, in te. (Dial. de Marquina) :
sinistuten dot Jaungoiko, zerubaren ta lurraren egillia-
gan, ta Jesu-Cristo, gure Yaunagan, je crois en Dieu, le
créateur du ciel et de la terre, et en Jésus-Christ, notre
Seigneur. *Pedrogan*, in Petro. *Martinegan*, en Martin.
Le pluriel est en *een, en* ou *ân;* si le radical est en *a*, il
prend ou rejette indifféremment la syllabe *ta, êta*. Ex.
handiên, handieetan, in magnis. *Nausiêtan*, in dominis.
Zaku ebakietan, dans les sacs percés. Avec les noms de
lieux, l'inessif est en *n* simple. Ex. *Bilbaon*, dans Bilbao.
Toledon, à Tolède. *Sevillan*, dans Séville.

Une dernière remarque à faire, c'est que ce cas intercale
assez volontiers, au moins en Labourdin, le signe de
l'affirmation entre le radical et la désinence. Cela a lieu,
surtout avec le pronom. Alors, le signe du génitif précède
au pluriel; quelquefois aussi, mais plus rarement au singulier. Ex. *nibaithan*, in me. *Aita baithan*, in patre.
Aitân baithan, in patribus, ou *gubaithan*, in nobis.
Yainkoagan ou *yainkoa baithan*, in domino. Le *bai* n'est
qu'une simple explétive, comme celles du Français : *oui,*
je l'ai vu; non, je ne le crois pas.

L'inessif rend :

1° L'ablatif Latin précédé de *in*. Ex. *zelan zeruban,*
hala lurrian, sicut in cœlo et in terrâ.

2° Notre préposition *à*, exprimant quelque idée de lieu
ou de provenance ou marquant le temps. Ex. *kurutzian*
yosiya, attaché à la croix. *Tornuban egina*, fait au tour.
Begi eskerrean min dut, j'ai mal à l'œil gauche. *Ni lotan*
nago, je suis à dormir. *Egunian*, au jour que, alors que.

3° Il rend parfois, dans des circonstances analogues,
nos prépositions *en* et *sur*. Ex. *illuntzean*, au soir, sur le
soir. *Zigilu bat bezela zure besoan*, sicut sigillum super

brachium tuum. *Hodei hok borrokan ari*, ces nuages sont en lutte.

4° Le participe présent n'est autre chose que l'inessif du nom verbal, seulement le *n* final subsiste seul. Ex. *yaten*, mangeant; *yaten dot*, je le mange (litt. in manducare habeo hoc). *Ethorten naiz*, je viens (litt. sum in venire). Nous renvoyons à la conjugaison pour parler du rôle que ce cas joue dans la formation des temps passés.

5° Un grand nombre de postpositions consistent en un radical suivi de la flexion inessive. Ex. *Ondoan*, auprès . (litt. in pede). *Artean, bitartean*, entre, parmi (in intervallo, in duobus intervallis). *Kampoan*, dehors (litt. in agro). *Gainean*, super, etc., etc.

6° Enfin, le même cas est encore employé dans les locutions suivantes : *aitaren izenian*, au nom du Père. *Gaiza galdutan eta eskentuten chadila berma*, ne compte pas sur une chose perdue et offerte. *Guthundren eskentziàn*, en offrant la lettre (litt. in illo offerre litterae). *Bat batean*, tout d'un coup (litt. ex uno in uno). *Betan*, à la fois (litt. in pleno). *Bietan*, deux fois (litt. in duobus; *bi*, deux). *Ofizier horietan gehiena da*, c'est le plus élevé (en grade) de ces officiers. *Non, nun*, ubi (inessif contract. de *nor*, qui).

L'origine de ce cas est vraisemblablement la même que celle du génitif.

H. Illatif

A. Forme commorative

A pour caractéristique *at*. Il se présente d'ailleurs sous des formes assez diverses. L'indéfini prend le *ta* ou *eta* euphonique. Ex. *menditarat*, ad montem. *Ontarat, onetarat*, ad bonum. L'animé préfixe la syllabe *gan* euphonique (pour *gain*) d'ordinaire précédé du génitif. Ex. *gizonen ganat*, ad hominem.

Le défini est en *rat, erat,* pour l'inanimé ; en *aren ganat,* pour l'animé. Ex. *mendirat,* vers la montagne. *Gizonaren ganat,* vers l'homme. Dans le Souletin, toutefois, ainsi que nous le verrons, le défini de commoratif est remplacé par un autre cas. Les noms propres et les noms verbaux, dans ce dialecte, prennent la forme indéfinie même lorsqu'ils ont un sens défini.

Le pluriel est en *tarat, êtarat.* Le Labourdin, d'ordinaire, supprime le signe du génitif au singulier et ne le conserve qu'au pluriel : *nausia-ganat,* vers le maître ; *nausiên-ganat,* vers les maîtres.

Le pronom personnel emploie indistinctement la forme animée ou inanimée. Ex. *nitarat* ou *nere ganat,* ad me.

Ce cas marque le mouvement et correspond assez au Latin *ad,* mais seulement lorsque le mouvement est fait, *animo manendi.* Ex. *holàko herri galdutârat etzitiàla yoan,* n'allez pas dans des pays perdus de cette sorte (pour vous y fixer), car s'il s'agissait seulement de les traverser, on emploierait la forme transitive dont il va être question tout à l'heure : *yoan da etcherat; yoan da Bayonarat,* il est allé à la maison ; il est allé à Bayonne (afin d'y demeurer).

Cette désinence pourrait bien avoir une origine Indo-Européenne, et, comme celle du locatif, n'être qu'une vieille préposition transformée en postposition. Nous serions tentés de la rapprocher du Latin *ad; a* du Sanscrit ; *héd* du Breton ; *at* du Cambrien, etc.

B. Forme transitive

A pour marque la finale *a ;* prend la syllabe *ta* ou *eta* à l'indéfini, se préfixe la syllabe *gan* à l'animé, est en *ra, era* au défini animé. Ex. *menditara,* vers quelque montagne. *Gizonengana,* ad hominem. *Madridera,* vers Madrid. *Sevillara,* vers Séville. *Onà,* ad istud (*on* istud). Le pluriel est en *tara,* etc. En un mot, tout ce que nous avons dit de la manière de traiter l'illatif commoratif s'applique au transitif, sauf que, dans ce dernier cas, la finale est en *a*, non en *at*. Il équivaut :

1° Au *ad* des Latins, avec cette seule différence que la finale *at* indique mouvement, *anima manendi*, et que celle en *a* marque mouvement passager et transitoire. Ex. *erorira égùr bilha*, ils vont chercher du bois au hêtre tombé. *Yoan da ikhustera*, abiit ad videndum.

2° Les deux désinences commorative et transitive sont, du reste, souvent confondues lorsqu'il s'agit de rendre certaines particules Latines. Ex. *onà, onarà, onat, onarat*, hùc, in eo loco.

3° Il correspond parfois au *in* Latin. Ex. (dial. Guip.) *eramango zaitut nere amaren echera*, introducam te in domo matris meæ.

4° A notre préposition *pour*, suivie d'un infinitif. Ex. *andik etorriko da biziak eta illak yuzgetara*, indè venturus est judicare vivos et mortuos.

5° Il répond à la question *nora*, quò, de même que le commoratif à la question *norat*. Ex. *norà zoas*, où vas-tu? *Gorà*, là-haut.

6° Ce cas est employé dans certaines locutions, telles que les suivantes. Ex. *nora*, quò (de *nor*, qui). *Noa*, vers où (*noat* où commorat.), *onà-orrà : onarà-orrarà*, ici ou là. *Batera edo bestera*, quocumque modo. *Arauera* ou *arabera*, justement (de l'article répété avec *r* et *u* euphoniques). *Aldera*, vers, du côté de.

7° Le Souletin, lorsqu'il s'agit de noms communs définis, emploie un autre cas, comme nous verrons plus loin; avec les noms verbaux même à sens défini et les noms propres, il se sert de la forme indéfinie.

Les désinences *tar, dar* semblent avoir, en partie du moins, une origine transitive. Le *r* est euphonique; le *t* est une lettre ajoutée comme à l'indéfini. Ex. *Baïgorriar*, habitant de Baïgorry. *Meharindar*, de la ville de Méharin.

Lutarra, terrestre (*lurra terre*). *Menditarra* (et par abrév. *Mitarra*), montagnard.

La finale *tarzun* résulte, suivant toutes les apparences, de la réunion de cette dernière et de la finale possessive *zun* pour *dun*. Nous citerons, par ex. *yainkoitarzun*, divinité ; de *yainkoa*, dieu (litt. possessor divini).

Cette désinence *a* paraît résulter d'une abréviation de celle en *at*.

I. Intensif

A. Forme commorative

Est en *lat* et toujours précédé de l'article, par conséquent toujours au mode défini. Il marque, comme l'illatif commoratif :

1° Le mouvement vers un objet, *animo manendi*, mais avec un peu plus d'intensité que ce dernier cas. Ex. *nathor òntcha zerratialàt banoà, òrori idékialat béno gogo hobez*, je vais plus volontiers dans une maison bien fermée que dans une maison ouverte à tout le monde.

2° Les Souletins remplacent, au moyen de l'intensif, l'illatif défini dont ils ne font, nous avons vu, que peu ou point d'usage, sauf, comme il a été dit, pour les noms propres et les noms verbaux. Si le cas de l'intensif n'était pas employé en dehors de la Soule, il devrait être considéré moins comme une flexion casuelle spéciale que comme une forme de l'illatif.

Il paraît avoir pour origine le *a* translatif, avec adoucissement du *r* euphonique en *l*.

B. Forme transitive

Ne diffère de la forme commorative que comme le commoratif illatif du transitif de ce cas, c'est-à-dire qu'elle prend *a* final au lieu de *at*. Elle est d'ailleurs toujours au mode défini. Elle rend :

1° La préposition Latine *ad*, lorsque le mouvement n'est pas fait en vue de demeurer; elle marque seulement un peu plus d'intensité de mouvement que l'illatif-transitif. Ex. *bàgo eroriala lazter egurkaria*, le bûcheron (court) vite au hêtre tombé. (Dial. Labourd.) *Hitze màitetik egitiala badà bide*, il y a de la distance entre promettre et faire.

2° Chez les Souletins, elle remplace régulièrement l'illatif défini, sauf pour les noms propres et verbaux.

3° Elle s'emploie dans certaines locutions au mode indéfini. Ex. *nola*, à quoi. *Bertzela*, d'ailleurs, autrement. Nous verrons d'ailleurs, plus loin, l'illatif et l'intensif s'unir au continuatif *no*.

Elle provient de l'intensif commoratif avec suppression du *t* final. On voit avec quelle richesse la langue Basque exprime les moindres nuances de l'idée de mouvement.

J. Allatif

A pour caractéristique les consonnes finales *ntz*, précédées d'une voyelle; *òntz* (en Guipuscoan); *àntz, àntza* (en Biscayen); *ùntz* (en Biscayen de Marquina), si la syllabe finale est précédée d'une consonne. La désinence s'emploie seule et sans accompagnement de consonnes euphoniques, après un monosyllabe à consonne finale. Ex. *onòntz*, de ce côté-ci. *Orròntz*, de ce côté-là. On intercale un *r* euphonique, si la finale est une voyelle. Ex. *aronz*, illic versùs. *Goronz*, vers le haut.

Si l'on a affaire à un pronom personnel, on intercale souvent la syllabe *gan*. Ex. (dial. Guip.) *beraren itzuliera ni-ganontz*, ad me conversio ejus.

S'il s'agit d'un polysyllabe à voyelle finale, on emploie encore le *r* euphonique. Ex. *echerònz*, vers la maison. *Errironz*, vers la terre. *Damaskorontz begira dagoena*, qui respicit contrà Damascum (dans d'autres dialectes, on dirait *Damas-aldera*).

Les polysyllabes terminés par une consonne finale font ce cas en *eronz*. Ex. *Burgoseronz*, vers Burgos. *Bazterréronz*, vers le coin. *Ezkerréronz*, vers la gauche.

Le pluriel est en *taronz, étaronz*. Ex. *etchêtaronz*, vers les maisons.

Ce cas ne paraît varier ni à l'indéfini, ni au défini. Il équivaut assez exactement à notre locution *du côté de*, et répond à la question *nòronz*, vers où. Ex. *beherréronz*, vers le bas.

K. Elatif

La désinence propre est en *k*, comme celle de l'actif avec lequel il était, sans doute, confondu à l'origine. Nous verrons, un peu plus loin, ce qui nous décide à penser ainsi. Ce *k* est toujours précédé d'un *i*, d'origine peut-être euphonique. Dans quelques dialectes, le *k* final tombe et le *i* reste seul.

A l'indéfini inanimé, ce cas prend le *ta* ou *eta* euphonique, et il est, par conséquent, en *tarik* ou *etarik*. Au même mode, mais au genre animé, on emploie les formes *enganik* ou *engandik*, *renganik* ou *rengandik* (suivant les dialectes), et suivant que le radical se termine par une consonne ou une voyelle.

Le défini est *tik*, *etik* ou *ti* (suivant les dialectes) pour l'inanimé; en *arenganik* ou *arengandik* pour l'animé. Le pluriel nous offre les formes *étarik*, *étatik* (avec *r* et double *t* euphoniques), qui s'emploient pour les deux genres et la forme en *ganik* ou *gandik*, spéciale à l'inanimé. Les noms propres et les pronoms personnels prennent indifféremment la forme définie ou indéfinie, mais plus volontiers la désinence inanimée que la désinence animée. Quant au génitif, il s'efface souvent, surtout avec le pronom personnel. Nous allons donner des exemples de toutes ces formes.

A. Indéfini inanimé : *menditarik,* ex monte ; *onetarik, ontarik,* ex bono.

B. Indéfini animé : *amaren ganik* ou *gandik,* d'une mère ; *gizonen ganik* ou *gandik,* d'un homme, par un homme.

C. Défini inanimé : *menditik,* de la montagne ; *Burgozetik* ou *Burgoztik,* de la ville de Burgos.

D. Défini animé : *gizonaren-gandik* ou *ganik,* de l'homme, par l'homme.

E. Pluriel (pour les deux genres) : *emaztètarik,* ex feminis ; *handiètatik,* ex magnis.

F. Pluriel animé : *nausièn-ganik* ou *gandik,* ex dominis.

G. Noms propres et pronom à signe casuel variable. Ex. *Toledotik,* de Tolède ; *Mariatarik* ou *Marietarik,* ex Mariâ ; *Sevillatik,* de Séville ; *Pedroren-ganik,* ex Petro ; *hireganik* ou*hitarik.* ex te.

H. Génitif supprimé devant la désinence animée. Ex. *gizona-gandik,* ex homine ; *gu ganik,* ex nobis ; *aita-ganik,* ex patre.

C'est dans le Biscayen de Marquina, de Bermeo et d'Ochandiano que l'on emploie surtout la forme *gandik* pour *ganik*. Les trois mêmes dialectes font leur pluriel en *tatik, ètatik,* au lieu de *tarik, ètarik,* forme commune. Ex. (dial. de Bermeo) *librau gaizan gogo charretatik ;* (Bisc. central) *libreu gaizen gogo charretarik,* pour qu'il nous délivre des pensées mauvaises.

Le Biscayen central et le sous-dialecte d'Arratia font leur élatif singulier inanimé en *rik,* et le confondent par conséquent avec le datif actif. Ex. *guztirik,* ex toto.

Le Labourdin supprime le *k* final ; il dit *aldeti,* du côté de, pour *aldetik.*

Ce cas correspond :

1° A l'ablatif Latin, précédé des particules *à, ab, é.* Ex. (dial. de Marq.) *arratia pekatubaren mendetik,* redimere à servitute peccati. (Dial. Bisc.) *Yaiyo zan Virginie gandik*, qui natus est ex Mariâ virgine. *Beiratzen dauzkit ardiak otchoetarik*, il garde les brebis du loup. *Alabaterik gehiena*, l'aînée des filles.

2° A notre préposition *de*, suivie d'un verbe ou prise dans un sens partitif. Ex. (dial. Soul.) '*ardoà 'ukhenétik emàiten da, erositik béno gogo hobez*, on donne plus volontiers du vin que l'on a reçu que du vin acheté. *Ardi khountiétarik otchoàk eramàiten du*, le loup emporte des brebis comptées. *Yoaitetik gibeltu dut*, je l'ai dissuadé de partir.

3° On retrouve ce cas employé dans quelques locutions telles que les suivantes : *Noiztarik-noiztara*, de temps en temps. *Egunetik-egunera*, de jour en jour. *Hirur eguntarik*, tous les trois jours. *Nondik*, d'où. *Emendik* (Lab., *hemendi*), d'ici. *Handik*, de là. *Barnetik*, du dedans. *Kampotik*, du dehors. *Eskupetik, ahurpetik*, par dessous main. *Chuti*, en haut. *Goiti*, élevé. *Alde batetik ta bestetik*, d'un côté et de l'autre. *Alde guzietatik*, de toutes parts. *Beheiti*, en bas.

Si nous cherchons la manière dont ce cas s'est formé, nous verrons qu'il se rapproche beaucoup de l'actif, et par sa désinence propre qui consiste en un *k* final, et par le sens : l'actif répondant, nous l'avons vu, dans certains cas, à l'ablatif Latin. Le *r* dans *tarik* est euphonique. Nous avons déjà parlé, au commencement de ce travail, de l'origine de la syllabe intercalée *ta*, origine qui paraît d'ailleurs lui être commune avec le *t* suivi de *i*, dans *menditik*, *handiètatik*. Quant au *i* final, très probablement il a la même origine que le *i* du datif. L'élatif est donc un cas composé, du moins pour le genre inanimé, et résultant de la fusion de l'actif avec le datif. Il ne se distingue guère du datif actif, dont nous parlerons lorsqu'il s'agira des cas composés, que par l'adoption de la dentale ou de la syllabe *ta*. Si nous considérons la tendance générale des langues, du moins des langues des peuples civilisés vers un degré toujours plus grand de détermination et de clarté, nous serons portés à voir dans l'actif le prototype de la forme élative, dont il conserve encore en partie le sens. Par la suite, pour éviter toute confusion, on aura le plus possible renfermé l'actif dans son rôle de sujet, et l'on aura formé, par combinaison de lui et d'un autre cas, peut-être par suite de l'influence Latine, la flexion élative.

De ce cas, avec suppression du *k* final, s'est formé la flexion dérivative en *ti*. Ex. *beldurti*, craintif (*beldur*, crainte). *Gezurti*, menteur (*gezur*, mensonge). Et avec la finale approximative, *yaonkoitiar*, déiste; *goiztiar*, matinal, etc,

L. Causatif et Despectif

Ces deux cas, confondus au singulier, sont employés surtout à l'animé. Ils consistent dans la finale *gatik* (élatif contracté de *gain*) ou *gaiti*, en Labourdin, parfois précédée, parfois non, de la finale du génitif. Ex. *nere-gatik*, pour moi, ou malgré moi (litt. par dessus moi). Au pluriel, l'emploi du génitif caractérise le causatif. Ex. *handien-gatik*, propter magnos. *Handiak-gatik*, magnis invitis. C'est cette circonstance qui nous décide à classer ce cas parmi les flexions casuelles et non parmi les postpositions. Quelquefois cette flexion s'unit à un mot du genre inanimé. Ex. *gauetako beldurrak gatik*, à cause des frayeurs de la nuit, contre les, etc., etc. Ici, nous voyons *gatik* dans le sens de *pour, à cause de*, précédé du nominatif pluriel, ce qui est tout à fait exceptionnel et ne se rencontre guère qu'au genre inanimé.

Lorsque notre particule *par* se peut tourner au moyen de la locution *à cause de*, on emploie le causatif. Ex. (dial. d'Arrat.) *kurutze santuaren senalea gaitik libradu gaizuz*, par le signe de la croix, délivrez-nous. (Dial. Guip.) *Otoiz*

mendutzen zaituztet, kampoetako bazauntzak gatik,
adjuva nos per capreas camporum, etc., etc.

§ II. — FLEXIONS POSTPOSITIVES

Nous avons déjà dit en quoi consistent ces flexions.
Elles s'éloignent des désinences casuelles en ce qu'elles ne
subissent tout au plus que des modifications euphoniques
(par ex. *ka* ou *ga* à l'instrumental), et ne possèdent point
de signes servant à distinguer les genres ou les nombres.
Quelques-unes d'entre elles, le sociatif, par exemple, se
font précéder du génitif au singulier, et gardent le radical
au pluriel. D'autres, comme le caritif, intercalent quelques
syllabes par redondance.

La plupart d'entre elles restent complétement invariables
et ne régissent que le radical. D'un autre côté, elles s'éloignent des postpositions, en ce qu'elles ne consistent qu'en
un monosyllabe, uni au mot principal par l'unité d'accent.
Enfin, on ne saurait les confondre avec les flexions composées, puisqu'elles sont formées d'un signe unique, tout au
plus, précédé, dans certaines occasions, du signe du génitif
ou de l'actif, et cela seulement pour marquer le nombre,
caractère toutefois qui n'est pas trop constant. Quoi qu'il
en soit, ce caractère ne se retrouve plus dans les autres
flexions postpositives; les deux que nous venons de citer
forment donc pour ainsi dire le passage de la flexion casuelle à la flexion postpositive ; les autres établiraient
plutôt la transition de la flexion positive à la postposition.

A. Sociatif

Le sociatif est en *kin*, sauf en Souletin où il est en *ki*,
ainsi que le modal. Il est d'ordinaire précédé du génitif au
singulier, mais le plus souvent du radical simple au pluriel.
Ex. *mendirekin,* cum monte. *Apaindu dezagun zedrozko*

olakin, compingamus illud tabulis cedrinis. Quelquefois, au contraire, il remplace au pluriel, par la finale active *k,* la flexion génitive du singulier. Ex. *zurekin,* avec vous (vous sing.), pl. *zuekkin,* cum vobis. Le *r* euphonique s'efface parfois. Ex. *galduekin,* cum perdito (pour *galdurekin*).

Les Souletins font toujours précéder la particule *ki,* lorsqu'elle répond à notre préposition *avec,* du signe du génitif. Ex. *héltziareki érran dut,* il m'a dit, en arrivant (litt. avec l'arrivée). *Zamàri erosiéki yoàn da,* il est parti avec les chevaux achetés.

C'est le seul moyen qu'ils aient de distinguer ce cas du modal, lequel est aussi en *ki,* mais est précédé du radical simple.

Les Biscayens remplacent la finale *kin* par *kaz.* Ex. (dial. Bisc.) *neure mirria neure aromakaz ;* (dial. Guip.) *nere mirra nere aromakin,* myrrha mea cum meis aromatibus.

Ce cas correspond assez exactement à notre préposition *avec.* Ex. *nere adiskidearekin ethorten naiz,* je viens avec mon ami. Il rend souvent aussi le participe présent précédé de *en,* lorsque cette particule a un sens se rapprochant de celui de *avec.* Ex. *maithiarekin,* en aimant (litt. cum amore).

La finale *kin* semble avoir donné naissance à la désinence *ghin* (euphoniq. pour *kin*), laquelle marque emploi, fonction. Ex. *zurghin,* charpentier (*zur,* bois). *Harghin,* maçon (*harri,* pierre). *Itzaghin,* cloutier (*itze* ou *iltze,* clou).

La désinence *kin* offre une analogie peut-être fortuite avec le *cùm* Latin, le *syn* des Grecs, etc., etc.

B. MODAL

Est en *ki, gi* ou *egi* (par euphonie). Ex. *handiki,* grandement. *Ongi,* bien, etc.

Il n'est généralement pas, sauf en Souletin, précédé de la désinence génitive, et cela pour une raison que nous allons voir tout à l'heure.

Il répond, en général, à notre adverbe en *ment*. Ex. *erregeki*, royalement (*errege*, roi). *Goraki*, hautement.

Les adverbes étant, par nature, toujours à l'indéfini, on n'a pas eu besoin de recourir au génitif; lequel, avec les flexions postpositives, ne s'emploie guère que pour distinguer les nombres.

La désinence *ki* donne naissance à une série de substantifs exprimant l'idée de fragment, de division. Ex. *ezurki*, morceau d'os. *Idiki*, viande de bœuf. *Hik maite dut epherki; Michaelek achurki*, tu aimes la perdrix (la chair de) ; Michel, l'agneau.

D'autres fois, elle exprime la dérivation. Ex. *eguzki*, soleil (de *egun*, jour). *Istaloki*, aine (de *ichterr*, cuisse). Voy. les finales en *zki* et *ski*.

Elle semble parfois jouer le rôle d'augmentatif. Ex. *ortz*, dent, et *ortzoki*, dent molaire.

Enfin elle marque emplacement. Ex. *thorgi*, source. *Yarghi*, siége. *Elghi*, lieu d'arrivée.

Cette finale paraît n'être autre chose que la désinence sociative dont la consonne finale a disparu. On pourrait aussi, mais avec beaucoup moins de probabilité, y voir une contraction de l'adjectif *kide*, semblable.

C. Caritif

Nous aurions dû, pour plus de régularité, placer ce cas avant le modal. Il s'éloigne un peu moins que ce dernier de la nature des flexions casuelles, puisqu'il est d'ordinaire précédé du radical au singulier, de l'actif au pluriel.

Cela est surtout vrai en ce qui concerne les pronoms. Ex. *zugabe*, sans vous (vous, respect. singulier), et *zuékgabe*, sans vous (pluriel). La ressemblance de formes du modal avec le sociatif nous a décidé à intervertir l'ordre naturel.

De savants grammairiens croient que la forme propre du caritif est *gabe* ou *bage* et *baga;* ces deux formes existent en Biscayen et dans les dialectes Français, mais la première est la plus usitée en Biscaye, et la deuxième en France. Ex. (dial. Bisc.) *ezkutaurik dagoana baga*, absque eo quod intrinsecùs latet. (Dial. Lab.) *Ezkutaurik dagoena gabe*. La forme *ge*, habituelle chez les Guipuscoans, ne serait peut-être qu'une contraction. Dans cette hypothèse, le caritif devra être considéré comme une postposition véritable, non comme une flexion postpositive.

Il nous est bien difficile de partager cette manière de voir. D'abord, il faudrait opter entre les formes *bage* et *gabe;* elles ne peuvent être toutes les deux la première. Si l'on réfléchit, en outre, que les particules *baï* et *gain* s'emploient soit pour marquer le genre, soit par simple redondance, à plusieurs cas de la déclinaison, il sera difficile de ne pas regarder la désinence Guipuscoane en *ge*, comme la plus ancienne. Il faudra admettre dans *bage*, *baga*, la présence de *baï* et du signe caritif propre; ainsi dans *baitan*, nous trouvons la finale inessive précédée de *baï;* quant à *gabe*, ce n'est sans doute que le mot *bage* retourné.

On pourrait supposer au besoin que cette dernière forme provient de la fusion de *gain* et du sublatif *pe* ou d'une finale négative analogue au *ri*, sinè du Sanscrit et du Zend; peut-être même au *heb*, sans, des dialectes Celtiques.

La désinence caritive *zak, zake* pourrait être classée au nombre des flexions composées, si, comme nous le supposons, elle provient du destinatif *tza*, uni au *ge* final.

Pour être complet, mentionnons une autre forme caritive rarement employée et servant à former des noms ou qualificatifs dérivés. Elle est caractérisée par la dentale simple ou double. Ex. *ondikoa*, le malheur (*on*, bon; *ko*, pro;

a, illud, quod ; et *d, di,* signe de négation). *Chankett,* boiteux, de *chango,* jambe, etc.

Quelquefois le négatif est marqué en préfixant la syllabe *ez.* Ex. *deus,* nihil. *Ezdeus,* vaurien. *Ezta,* non est (pour *ezda*). Cette même syllabe se prépose parfois sous la forme *ze.*

Il y a un rapport de filiation probable entre la finale *ge* et le verbe *khentzea,* ôter, enlever. Ce qui nous paraît le plus probable, c'est que la finale s'est formée du verbe, par voie de contraction, à peu près comme la désinence *k* de l'actif du *ka* instrumental, ou le *ki* modal du *kin* sociatif. On peut, à la rigueur, faire dériver le verbe de la particule, avec adjonction du *n* euphonique, comme dans *intz* et *itz,* eau, rosée. Il semble, en effet, que ce soit une particularité de l'idiôme Eskuara, de pouvoir employer les désinences comme radicaux. Ainsi dans *izan,* être, la finale *iz* consiste probablement dans la finale médiative, munie elle-même d'une finale inessive et suppléant à l'absence du verbe substantif. Toutefois, nous n'osons rien affirmer à cet égard.

D. Instrumental

Est en *ka,* ou *ga,* par euphonie. Il exprime :

1° L'état dans lequel se trouve le sujet pour accomplir l'action. Ex. *saltoka datorren,* qui vient en sautant. *Oinka,* à pied. Nous avons vu que, assez souvent, il fait double emploi avec le médiatif.

2° L'objet à la recherche duquel on se trouve. Ex. *miaka dabila,* il court à la recherche des minerais (vulg. après les minerais).

3° Notre locution Française *à coups de.* Ex. *mazoka,* à coups de massue. *Harrika,* à coups de pierres. *Ostikoka,* à coups de pied. *Tiroka,* à coups de fusil.

4° Notre locution *en proportion de.* Ex. *zuzen arrauka phartitu dugu,* nous avons partagé, dans la proportion des droits de chacun.

5° La préposition *par* employée avec un nom de nombre. Ex. *hamarka, ehunka kondatzea*, compter par dix, par cent, par dizaines, par centaines. *Erdika, herenka phartizazu*, partagez par moitié, par tiers.

6° Le gérondif en *do*, lorsqu'il est joint à un participe présent. Ex. *ikhusi*, videns, et *ikhusika*, videndo.

7° Les prépositions *sur, avec*, lorsqu'elles tiennent lieu de la particule *par*. Ex. *lurka*, par terre, sur terre. *Ahurka*, par les mains, avec les mains.

8° L'adverbial *onga* ou *onka*, bien.

9° Notre préposition *entre, parmi*, mais seulement lorsque l'instrumental est précédé de l'article. Ex. *harriaya*, entre les pierres, parmi les pierres. (C'est aussi le nom d'une famille et celui d'une cité de l'antique Ibérie.)

10° Cette finale jointe à un verbe équivaut à notre participe présent, ou parfois à un substantif précédé de *en, après, avec*. Ex. *yo-ka*, à force de coups, en frappant. *Ikhuska eginen dugu*, nous le ferons après examen. *Hegaldaka*, en volant, à tire d'ailes.

Un certain nombre de radicaux substantifs se forment au moyen de la désinence *ka* Ex. *urzo*, palombe; *urzoka*, la chasse aux palombes (litt. post palumbas). *Arrain*, poisson, et *arrainka*, la pêche. *Ene semea urzokara eta arraïnkara yoan da*, mon fils est allé à la chasse aux palombes et à la pêche.

Beaucoup de verbes se forment de la postposition infinitive ajoutée au radical muni déjà de la flexion instrumentale. Ex. *ihaloska*, en se vautrant, et *ihaloskatzea*, se vautrer. *Tarrapata*, marche bruyante et rapide, et *tarrapatakatzea*, marcher rapidement et avec bruit. *Laurhatzkatzea*, marcher au galop (*laur*, quatre, et *atz*, ongle).

Peut-être, mais nous n'osons rien affirmer, la finale *gaï, gheï, geï* ne serait-elle que la désinence instrumentale, munie d'un *i* euphonique (comme dans *debrua* ou *debruïa*, el diablo).

Cette finale exprime (1) l'idée de destination de matière composant quoique ce soit. Ex. *emaztegaia*, la femme destinée à être mariée, la fiancée; *gizongaia*, le fiancé; *athorragaia*, la toile destinée à faire des chemises; *chapelgaia*, la matière destinée à faire des chapeaux; *galtzagaia*, la matière destinée à faire des chausses de pantalon; *etchegaiak*, les matériaux destinés à construire une maison. Ce mot s'emploie aussi seul et l'on dit : *non dira gaiak* ou *gayak?* Où est la matière première? Où sont les matériaux?

Dans l'hypothèse où ce *gaia* dériverait de la syllabe *ga*, l'on a ici un nouvel exemple de la propension des Basques à employer une désinence en guise de radical.

E. Sublatif

Est en *pe*. En Labourdin, il est toujours pris comme suffixe casuelle; dans les autres dialectes, il est souvent pris seul comme substantif ayant le sens de la partie inférieure, le dessous. Quelquefois la dernière lettre du radical s'élide par euphonie. Ex. *lupe*, *lurpe*, fosse (litt. sub terrâ). *Ilhun,* soir, et *ilhumpe* crépuscule (litt. sub sero). Nous n'avons point rencontré cette finale précédée de l'article. Elle se rattache probablement à l'adjectif *behereko* (inférieur), que l'on n'emploie guère au radical. Cette syllabe, *be* ou *pe* provient peut-être du Béarnais *pée*, pied, dérivé lui-même du Latin *pes*. Le redoublement de la voyelle précédée d'un *h* dans *behercko* est un procédé familier à la langue Basque. Ex. *nahas* ou *nas*, ensemble, mêlé. *Mahatch* ou *match*, raisin. L'adjectif aurait adouci la consonne initiale, que la finale casuelle a maintenue sous sa forme primitive.

(1) Note de M. l'abbé Inchauspe.

F. Premier Adverbial

Est en *tò*, ou *dò*, par euphonie. Ex. *ezkerra*, la gauche, et *ezkertò*, à gauche. *Eder*, beau, et *edertò*, élégamment. *Ondò*, bien (*on*, bon). Pour le sens, il se confond avec le modal et l'adverbial second. Jamais nous ne l'avons trouvé précédé de l'article. On voit qu'il appartient à la classe des flexions à lettre initiale muable.

G. Deuxième Adverbial

Est en *rò* après une consonne; en *erò* après une voyelle. Ex. *lazter*, rapide, et *lazterrerò*, rapidement. *Cintzò*, habile, et *cintzorò*, habilement. *Nazkagarri*, horrible, et *nazkagarrirò*, horriblement. *Guzi*, tout, et *guzirò*, totalement. On le fait souvent, comme nous le verrons plus loin, précéder du *ki* modal. Il entre dans la composition de quelques substantifs. Ex. *chiki*, petit, couper, et *chikirò*, mouton (par opposition à *ahari*, bélier); vraisemblablement aussi, dans celle de *gerò*, après; *geroa*, la suite; *ezkero*, ensuite (*ez* préfixe), et peut-être même dans celle de l'adjectif *oro*, tout; à moins pourtant qu'il ne soit lui-même une dérivation de ce dernier.

H. Continuatif

Est en *no*. *Oraï*, à présent, et *oraino*, puisqu'à présent. Nous verrons, en traitant des flexions composées, qu'il est presque toujours précédé de la désinence illative. L'abbé Darrigol regarde cette flexion comme une contraction pour *den oro* (*den*, usque ad, et *oro*, omne). Je croirais plutôt qu'elle se rattache au relatif *nor*, qui, et qu'elle a par conséquent une origine commune avec les finales du génitif et du locatif.

I J. Contributif

Est en *kal, khal,* et correspond à nos locutions *au fur et à mesure, chaque fois que, en raison de.* Ex. (dial. Soul.) *hûn ébilkal ikhusten dut,* chaque fois que je vais là, je le vois. (Dial. Labourd.) *Yin-khal gizonek,* à mesure que les hommes viennent. *Haur-khal, pagatzen dugu erregenta,* nous payons l'instituteur, à proportton (du nombre) des enfants.

L'origine de cette flexion est fort obscure; il ne serait pas impossible qu'elle fût formée, par voie de contraction, de l'illatif ou de l'intensif, précédé de l'instrumental. Dans ce cas, elle mériterait presque autant d'être considérée comme flexion composée que comme postposition,

K. Unitif

Est en *sta.* Il forme plutôt un adjectif dérivé qu'un cas de la déclinaison, et correspond à nos locutions *garni de, muni de.* Ex. *urhe-sta,* doré. *Zilhar-sta,* argenté. *Urhe-sta da aldare hori,* cet autel est doré. Souvent il est suivi de la finale du verbe ou du participe. Ex. *komplimendus-tatzea,* complimenter. *Ezkosta itzazu apartemendiek,* cirez les appartements.

L. Inclusif

Est en *tra* ou *ta,* par euphonie; cette dernière forme est la plus usitée. Ex. *hamar unzitra* ou *unzita artho,* du maïs plein dix vaisseaux. *Ahurtra* ou *ahurta bat diru bazien eskean,* il avait à la main une poignée de pièces d'argent. *Alzotra,* plein un tablier. *Orgata bat,* une charretée pleine.

Ce cas, comme l'on voit, marque le contenu d'un récipient quelconque ; il est souvent supprimé, surtout dans le langage familier, et le nom du contenu est simplement précédé de celui du contenant. Ex. *hamar unzi, ahur bat,* pour *unzi-tra, ahur-ta*

L'inclusif donne naissance d'ailleurs à une foule de substantifs. Ex. *eskuta,* poignée (*esku,* main). *Makhillata,* volée de coups de bâton. Il serait possible ; néanmoins, la chose nous paraît fort peu probable, que la syllabe *ta,* intercalée de l'illatif, de l'élatif, fût tirée de l'inclusif.

Cette désinence semble d'origine Celtique. En Breton, par exemple, et en Cornique, la préposition *dré;* en Irlandais et en Gallois, *tri, tre.* signifient *par.* Chez les Basques, elle se sera transformée en postposition, avec un léger changement de sens.

§ III. — FLEXIONS COMPOSÉES

Elles se divisent en flexions doubles formées de la réunion de deux terminatives ; par ex. *handirentako,* pro magno (du génitif et du locatif indéfini), et en flexions multiples qui renferment un plus grand nombre d'éléments. Ex. *bagetanik,* sinè (du caritif, de l'inessif et du datif actif). Les éléments, d'ailleurs, peuvent être ou des flexions casuelles, comme dans le datif actif *onarik,* ou des flexions postpositives, par ex. *phalatraka,* par pelletées (inclusif et instrumental), ou des flexions casuelles et postpositives entremêlées, ex. *zaldunkiro,* chevaleresquement (modal et 2e adverbial), etc., etc. Nous consacrerons un paragraphe aux radicaux formés eux-mêmes d'une racine munie de la désinence casuelle et déclinés régulièrement.

Nous ne rangeons pas au nombre des flexions composées celles, par exemple, du sociatif et du modal, nous avons déjà dit pourquoi, ni celles qui, comme l'illatif indéfini, intercalent certaines syllabes qu'ils ne gardent point au mode défini, ou, comme l'inessif, se préposent la conjonction affirmative par simple redondance.

A. Flexions doubles

Voici la liste des flexions de ce genre que nous avons eu l'occasion de rencontrer. Si quelqu'une nous a échappé de temps à autre, le lecteur voudra bien nous excuser.

I. MÉDIATIF (et locatif) *gutichko*, bien peu (*guti*, peu); (et élatif) *geroztik*, depuis lors; (et sociatif) forme des adjectifs: *buruzkin*, entêté (*buruz*, médiatif de *buru*, tête, est lui-même un adjectif ayant le même sens); (et modal) *egiazki*, véritablement; *eskozki*, insuffisant; *nabazki*, peut-être; (et instrumental) *aldizka*, tour à tour.

On pourrait supposer que le *z* n'est ici qu'une mutation du *n* génitif, comme dans *adizkide*, ami (pour *adin-kide*, litt. égal d'âge; *komuzki*, communément (pour *komunki*).

Nous ne croyons pas toutefois qu'il en soit ainsi. Les formes médiatives sont employées pour rendre bon nombre de locutions Françaises (voy. Médiatif). Il semble en être différemment des désinences en *ezko*, ainsi que nous verrons tout à l'heure.

II. GÉNITIF (et locatif défini) *handirentako*, pro magno. *Mariarentako* ou *dako*, pro Mariâ; (et locatif défini). Devant *ko*, le *n* se change en *z*, comme dans l'exemple cité plus haut. Il forme des adjectifs correspondant à ceux du Latin en *eus*. Ex. *zillharezko*, argenteus. *Urrezko*, aureus. *Leizarrezko*, fraxineus, etc.

III. DATIF (et actif) sert à rendre:

1° Le sujet du verbe *être*, lorsque ce dernier est indéterminé ou que le dit sujet se trouve en Français précédé de la préposition *de*. Ex. *eta mancharik ezta*, et macula non est. (Dial. Guip.) *Eta umegaberik ez da beren artean*, et sterilis non est in eis.

2° L'adjectif, s'il se trouve sujet d'une phrase dépendante. **Ex.** (dial. de Marquinâ) *zein da igotzen daben, gozatasunez beterik, bere maitiari itsasirik,* quæ est ista qua ascendit, deliciis afflexens, innixa super dilectum suum?

3° Le régime du verbe *avoir*, lorsqu'en Français il serait précédé de la particule *de*. **Ex.** (Marq.) *eta ez dauka bularrik,* et ubera non habet.

4° Le régime du verbe *egon*, stare, manere. **Ex.** (dial. d'Arratia) *fiel guztiak dagoz obligeurik,* todo fiel es obligado. (Dial. de Bermeo) *an dago yarririk,* y está sentado. *nere burua intzez beterik dago,* meum caput plenum rore stat. (Dial. Biscayen) *Barrenen ezkutaturik dagoena gabe,* absque eo quod intrinsecùs latet.

5° Le régime d'un adjectif, lorsqu'en Français il se trouverait précédé de la préposition *de*. **Ex.** *okendurik onenak bezela,* comme les meilleurs onguents. *Mirrarik garbiena dariotenak,* distillant la plus pure des myrrhes. *Zure samea ardoarik onena bezela,* tuum guttur sicut optimum ex vinis. *Bat bakarrik da nere usoa,* una unica est columba mea (litt. ex unicis).

7° Le régime caritif, lorsqu'il est indéterminé. **Ex.** *thai-ik gabe,* sans cesse (euphon. pour *thai-rik*). *Chu-gaberik* (pour *churik gabe*), *ezta kherik,* pas de fumée sans feu. *Ez bizik neke gaberik* (pour *nekerik gabe*), pas de vie sans travail.

8° Le participe passé, lorsqu'il est à la forme absolue. **Ex.** *yan-ik,* ayant mangé. *Lok arturik, zaude;* le sommeil l'ayant saisi, il s'arrête. Remarquons qu'ici *lok* n'est pas au même cas qu'*arturik,* parce que le participe passé consistant lui-même dans le radical mis au datif, est regardé comme un radical simple.

Le Biscayen central et celui d'Arratin emploient, nous l'avons déjà dit, le datif actif en guise d'élatif.

9° L'adjectif ou le participe, qui lui-même se présente sous une forme absolue, c'est-à-dire comme adjectif d'une phrase dépendante et exprime une idée de passé, de chose accomplie. Ex. (dial. Bisc.) *gomutaurik zure bular banô obeakaz*, memores tuorum uberum super vinum.

10° Quelquefois l'interrogatif. Ex. *gizonik*, homo ne est?

11° Quelques locutions, telles que *pozik*, gaîment; *danik*, depuis, dès que; *ussienik*, le plus souvent; *goisik*, de bonne heure.

Du reste, l'emploi du datif actif est un des moins constants qui se puissent rencontrer. Au lieu de *dagoz obligaurik*, le dialecte d'Ochandiano dira fort bien *dagoz obligaute* (forme radicale). *An dago yasarrite* (pour *yasarririk*). Nous trouvons *ezta bularrikan*, forme multiple pour *ezta bularrik*. Le datif actif ne s'emploie qu'au mode indéfini. C'est le cas appelé d'ordinaire par les grammairiens *infinitif* ou *indéfini*, et compté par eux dans la déclinaison. Mais l'usage fréquent que l'on fait de ce prétendu *infinitif* ne doit pas nous faire illusion sur sa vraie nature. C'est une flexion composée et nous ne saurions changer pour elle la méthode par nous adoptée, de désigner ces flexions du nom des éléments qui les composent.

(Double) *iri*, vers cette époque. *Bazkoiri*, vers Pâques.

IV. Locatif (et génitif) *bihotztekoaren*, ex intimo corde. *Zure sonekoen usaya*, odor tuorum unguentorum (et médiatif), *oraikotz*, pour cette fois-ci (litt. per illud ex horâ). *Aberatz izatekotz* ou *izatzekotz*, pour être riche. *Behingotz*, pour toujours; (et destinatif) *aintzakotzat zauzkat*, talem te puto. *Aberatz izatekotzat*, pour être riche; (et inessif) *oraikoan*, cette fois-ci (litt. in illo ex horâ). *Onetakoetan*, in calceamentis. *Lenengoan*, primo; (et modal) *zaldungoki*, chevaleresquement; (et 2ᵉ adverbial) *kampokoro*, du dehors.

V. Destinatif (et modal) *onzaki*, bien.

VI. Inessie (et locatif) *egunian-eguniango*, de jour en jour (litt. de die ex in die).

VII. Illatif (et locatif) *mastietarako*, ad vincas. *Batetarako* ou *baterako*, in rem eamdem. *Zertarako, zertako*, quid, ut quid? *Ogei urterako*, ou *urtaetarako*, para 20 annos. *Guzitarako*, pour tout. *Yaterako*, para comer. *Edaterako*, para bibir. *Onetarako*, itaque; (et continuatif) *menditarano*, jusqu'à la montagne; souvent on intercale la syllabe *di*. Ex. *menditaradino, menditartino*, jusqu'à la montagne. D'après l'abbé Darrigol, cette syllabe serait une contraction de *den*, usque. Il se pourrait cependant qu'elle provînt de la finale infinitive *te, tze*. L'allatif joint au continuatif ne modifie pas d'une manière bien appréciable le sens de ce dernier. Ex. *onarano* ou *onano*, hùc usque. *Gaurdarano* ou *gaurdano*, jusqu'à la nuit.

VIII. Intensif (et médiatif) *nolazbait*, de quelque manière; (et continuatif) *handialano*, usque ad magnum.

IX. Elatif (et inessif) *galaadtikan*, ex Galaad. *Eremutikan*, ex deserto. *Gatikan*, pour. *Andikan* et *andikanche*, de là. *Hementikan, hementikanche*, d'ici; (et illatif) *hemendikarat*, d'ici en avant.

X. Modal (et locatif défini) *aitarekiko*, ergà patrem. *Gizonekikò*, ergà homines. *Nerekiko*, ergà me; (double) *ongiki*, bien; (et instrumental) *ausikika*, en mordant; (et 2ᵉ adverbial) *falkukirò*, languissamment. *Eritsuki* ou *eritsukirò*, d'une manière maladive. *Bortitzkirò*, fortement (*bortitz*, fort).

XI. Instrumental (et médiatif) voy. le sociatif en *gaz*; (et inessif), peut-être la particule *gain*, sur, est-elle ainsi formée (avec *i* euphonique).

XII. Sublatif (et génitif) ne possède par lui-même aucune valeur précise et sert seulement à donner plus de force à l'expression précédente. Ex. *haste* et *hastepen*, commencement. *Iraun* et *irautepen*, durée. *Gora*, haut, et *gorapen*, période pendant laquelle la lune s'élève et croît. *Behera*, bas, et *beherapen*, période de décroissance de la lune; (et locatif) *agindepean, eskupean*, sous les ordres de ; (et inessif) *pean*, dessous, sous. Ex. *Agindu-baren beyan* (pour *pean*), sous les ordres de ; (et 2ᵉ adverbial) *izapero*, hypostatiquement.

XIII. Caritif (et génitif) très douteux. Peut-être *azken*, dernier, est-il pour *has ke en*, non ex initio ? (et inessif) *ustekabean*, peut-être.

XIV. 2ᵉ Adverbial (et locatif défini) *ichirokò eraùsak*, propositions absolues.

B. Flexions multiples

I. Datif-Actif-Caritif. *Hitzikbaya*, sans parole, muet.

II. Illatif-Locatif-Inessif. *Espanarakoan*, *Espana-ratekoan*, en partant pour l'Espagne, en allant en Espagne. *Illuntzarakoan*, vers le soir (pour *tara*, etc.).

III. Caritif-Inessif-Datif-Actif. *Bagetanik*, *gabetanik*, sans, etc.

C. Radicaux fléchis et déclinés

Nous savons qu'en Basque la distinction entre le mot composé et le nom décliné est souvent imperceptible. Par ex. *ahalge* est à la fois caritif de *ahal*, force, audace, et radical dans le sens de *honte*, absence de *force* ou d'*audace*. Nous allons donner ici quelques exemples de ces radicaux formés par voie de déclinaison, et montrer la facilité avec laquelle on peut leur accoler encore toutes les désinences déclinatives.

A. *Ahal*, force, audace.

Caritif, *ahalge*, honte, timidité (litt. sinè audaciâ), et 2ᵉ caritif, *ahalgegabe*, impudent, éhonté.

B. *Andi*, grand.

Médiatif, *anitz* (euphon. pour *andiz*), et 2ᵉ médiatif, *anitzez*, de beaucoup.

C. *Has*, initium.

Peut-être les mots *aski* et *asko*, satis, ne sont-ils que le modal et le locatif de ce radical : nous n'oserions rien affirmer à cet égard. Avec le 2ᵉ adverbial, nous trouvons *askorò*, assez.

D. Eusi, ausi, distinctè loqui.

Ce verbe est archaïque, on ne le rencontre plus guère que dans son composé *erausi.* C'est de lui pourtant que les Basques tirent leur nom ; il appellent leur langue *Eskuara,* pour *eus ko ara* (litt. idiôme dans lequel on parle clairement), par opposition aux dialectes étrangers qualifiés de *erdara* (pour *erdi-ara*), demi-langage. Le pays Basque est désigné par l'expression *Eskalerra* (litt. pays de l'*Eskuara,* où se parle l'*Eskuara*), et l'appellation nationale du peuple qui habite cette région est *Eskualdunak,* pour *Eskalerra dunak* (litt. les possesseurs de l'*Eskalerra,* du pays où se parle l'*Eskuara*).

L'ancien nom des Vascons, celui des Basques actuels, paraissent se rattacher au radical *eus* avec une finale modale ou locative *ki,* ou *ko.* Il en est de même pour les Gascons, qui tirent leur nom de celui des Vascons, avec mutation du *v* en *g;* tout le pays situé entre les Pyrénées et la Garonne ayant été, sous les rois Mérovingiens, conquis par des chefs Vascons, et pour les *Ausci,* dont notre ville d'*Auch* tire son nom (*Euski,* litt. in illo loqui, qui loquuntur).

Bon nombre de peuples, on le sait, se plaisent à s'appeler les parlants par excellence, et se distinguent ainsi des nations dont ils ne comprennent pas le langage. Le terme de *Slave,* dans l'acception primitive de ce mot, ne signifiait que les *parlants,* et le nom qu'aujourd'hui encore les Polonais donnent aux Allemands veut dire les muets. On ne saurait le nier, cette étymologie du nom des Basques, proposée par Mahn, dans ses *Denkmaeler der Vaskischen sprache,* est bi en plus plausible que toutes celles proposées jadis. *Eskualdunak,* pour *esku,* main, *alde,* tour, côté, ou *ara,* langage, et *dun,* possesseur, ceux qui sont habiles de la main, ceux qui parlent de la main (apparemment comme les sourds-muets), ou *Eskuina alde dunak*, ceux qui occupent le côté de la droite, les Basques étant situés à l'extrémité occidentale de notre continent.

Quoi qu'il en soit, le modal·de cette racine est très usité, c'est *ausiki*, mordre, et avec l'instrumental *ausikika*, en mordant.

E. Barra, finir, terminer, n'existe plus au radical avec le sens de substantif.

A l'unitif, *barrasta*, poignée, et avec l'instrumental, *barrastaka*, par poignée.

F. Burru, n'existe plus au radical (ne pas confondre avec *buru*, tête).

A l'unitif, *burrusta*, une certaine abondance; à l'instrumental, *burrustaka*, avec une certaine abondance.

G. Garaia, gaina, dessus, le dessus.

A l'élatif, *ganetik, garaiti*, le surplus, l'avantage, et avec le locatif, *ganetiko, garaitiko*, même signification.

H. Gero, après, ensuite.

Peut-être formé d'un radical *ge* et du 2⁰ adverbial *rò;* nous ne pouvons rien affirmer là-dessus. Avec le locatif, *gerokò*, ensuite; avec le médiatif et l'élatif, *geroztik*, depuis lors.

I. Ichterr, cuisse.

Avec le sublatif, *ichtape*, enjambée, et avec adjonction de l'instrumental, *ichtapeka*, en marchant, par enjambée.

J. Ikhus, voir.

Avec le datif, on a le participe *ikhusi*, voyant, et avec adjonction de l'instrumental, *ikhusika*, videndo. (Voyez Instrumental.)

K. Iraun, durée.

Avec remplacement du *n* final par la désinence infinitive et adjonction des sublatif, génitif et médiatif, *irautepenez*, tandis que.

L. Nor, qui, quel?

Au médiatif, *noiz, noaz,* quand, et avec adjonction à ce cas du locatif, *noizko,* quandò ; de l'inessif et de l'instrumental, *noiztenka,* de temps à autre ; du modal et du 2ᵉ adverbial, *noazkirò,* forsitan.

M. Phala, pelle.

Avec l'inclusif, *phalatra,* pelletée, et avec adjonction de l'instrumental, *phalatraka,* par pelletées.

N. Presta, préparé, dispos.

Avec le caritif, *prestage,* improvidus, et par adjonction du 2ᵉ adverbial, *prestagerò,* improvidi.

O. Zume, osier.

Au datif et avec adjonction de l'instrumental forme quelques substantifs. Ex. *zumarika,* genêt.

D. Du verbe et de sa déclinaison

Nous savons que le verbe substantif, dans une grande partie de sa conjugaison, n'est qu'un pronom décliné : *niz,* je suis, nous semble être le médiatif de *ni,* je ou moi ; *hiz,* tu es, est celui du pronom *hi,* toi, tu.

Le relatif *que* s'exprime par l'adjonction à ce pronom médiatif de la finale intensive. Ex. *nizala,* que je suis.

On rend nos prépositions *tandis que, parce que,* en ajoutant à cette finale les désinences du datif-actif et du locatif-médiatif. Ex. *nizalarik,* tandis que je suis ; *nizalakoz,* parce que je suis.

L'imparfait se forme en ajoutant au pronom médiatif la désinence inessive, et en intercalant un *n* euphonique. Ex. *niz,* sum, et *nintzan,* eram.

Enfin la particule *danik* n'est peut-être que la troisième personne singulier du présent de l'indicatif *da ;* il est muni des finales inessive et dative-active. Du reste, nous nous étendrons plus au long sur ce sujet, lorsque nous parlerons de la conjugaison.

§ IV. — POSTPOSITIONS

Les postpositions Basques ne consistent guère que dans des substantifs ayant un sens plus ou moins vague, et quelquefois même des noms de parties du corps employés à certains cas de leur déclinaison. Le tableau ci-joint permettra au lecteur de saisir d'un coup d'œil tout le mécanisme de ce système. Au cas, fort probable d'ailleurs, où quelques-unes de ces nombreuses particules nous auraient échappé, le lecteur voudra bien pardonner cet oubli.

Cap. III

Des affinités du Basque avec les idiômes de l'Oural et quelques autres dialectes

Le Basque, nous l'avons vu, appartient à la classe des idiômes agglomérants et, comme tel, possède un système grammatical tout à fait différent de celui des langues occidentales. Il n'existe pas, je crois, de meilleur moyen de bien comprendre le mécanisme de la langue Eskuara que de la rapprocher de dialectes offrant avec elle au moins quelque analogie de forme. C'est ce qui nous a décidé à donner, dans ce dernier chapitre, une comparaison de la grammaire et spécialement de la déclinaison Basque avec celle des langues Finnoises. Ces dernières, elles aussi, sont étrangères au système de la flexion proprement dite.

Bien que ce fait d'avoir une structure agglomérante ne nous permette pas, à lui seul, d'affirmer la parenté du Basque et du Finnois; il ne peut qu'être intéressant pour le linguiste de voir en quoi ces deux groupes d'idiômes se rapprochent et en quoi ils diffèrent.

§ Ier. — AFFINITÉS DU BASQUE ET DES IDIOMES FINNOIS

Chez les montagnards Pyrénéens, aussi bien que chez ceux de l'Oural, les flexions casuelles et désinences de toutes sortes sont très faiblement attachées au radical dont elles dépendent et conservent, en partie du moins, leur valeur significative. Des deux côtés, en général, même confusion entre le mot composé et le mot muni de sa finale casuelle. Ainsi le caritif Lapon *tebme* constitue un véritable dérivé susceptible lui-même de prendre tous les cas possibles des degrés de comparaison et de donner naissance à des dérivés. *Ablek*, par exemple, signifie *gain* en Lapon; son caritif est *abletebme* (litt. sine questu), et par extension constitue un adjectif déclinable dans le sens de paresseux, désœuvré. De là encore le substantif dérivé *abletiswuot*, paresse; le superlatif *abletisumus*, pigerrimus, etc. Enfin, il n'existe guère dans les idiômes Finnois, ainsi qu'en Basque, qu'un seul paradigme de déclinaison, tous les mots prenant les mêmes désinences casuelles sans dictinction de genre, de nombre, de valeur adjective, substantive ou pronominale.

La conjonction descriptive du Lapon *mon leb orromen*, je suis (litt. sum in mansione) s'obtient, comme en Basque, au moyen du substantif verbal muni de la flexion inessive, et placé près de l'auxiliaire. Au prétérit, l'auxiliaire change de désinence, et le participe reste le même que pour le présent. Ex. *mou liyeb orromen*, je fus, j'ai été.

La conjugaison est presque aussi rare dans les langues Ouraliennes qu'en Eskuara, et dans ces deux groupes d'idiômes, on y supplée généralement par le participe muni de flexions. Ex. Suomi, *ollema*, étant, *ollemassani*, tandis que je suis (litt. avec l'être mien). De même en Basque *nizala*, que je suis (litt. ad tô ego sum). Les postpositions ne sont guère, dans les deux groupes de langues en question, que des radicaux substantifs à certains cas de leur déclinaison. Dans ces deux groupes, encore, nous rencontrons l'emploi de la méthode intercalative en vertu de laquelle, lorsque deux ou plusieurs mots régis l'un par l'autre et au même cas se suivent immédiatement, le dernier seul prend la désinence caractéristique.

Les flexions multiples, formées de plusieurs éléments et exprimant des rapports complexes, se retrouvent encore dans les dialectes de l'Oural, comme dans celui des Pyrénées. Les indices de flexion, surtout de flexion pronominale, sont à peu près aussi fréquents en Suomi et en Esthonien qu'en Eskuara. Enfin S. A. I. le prince Louis-Lucien

Bonaparte retrouve en Mordvine, mais en Mordvine seulement, la double déclinaison définie et indéfinie du Basque. Dans ces deux idiômes, le mode défini se forme par postposition d'un pronom ou article. Ex. (Eskuara) *gizon*, homme, et *gizona*, l'homme. — (Mordvine), *loman*. homme, et *loman-s*, l'homme.

Il existe une forme Finnoise offrant bien de l'analogie avec l'article Basque, c'est le *a* final du Suryène. Cette voyelle sert à transformer le participe passif en une espèce de substantif défini. Ex. *myrdiœm loas,* rapiendus est, et *myrdiœma loas,* ille qui rapiendus est.

Le radical supplée à l'absence de l'accusatif et du nominatif, en Suomi comme en Basque. Je ne sache pas de peuples Ouraliens qui possèdent une flexion propre au nominatif.

Plusieurs désinences casuelles sont identiques, ou du moins fort analogues, dans certains dialectes Finnois et en Basque. C'est ce que fera voir le petit tableau donné ici.

	BASQUE.	LANGUES FINNOISES.
Génitif.	*en* final; ex. *gizon-en,* hominis.	Suomi, Tcheremisse et Mordvine *n* final; Turk *yn.* Ex. *ev,* maison, et *ev-yn,* de la maison.
Datif.	*i;* ex. *gizon-i,* homini.	Lapon (illatif) *i.* Ex. *attye,* pater, et *attyi,* patri, ad patrem. Suryène et Votuèque (illatif, *œ, œ.* Ostyak (allatif), *a.* Ex. *sem,* oculus, et *sem-a,* ad oculum. Turk (datif), *ah.* Ex. *ev-ah,* à la maison.
Inessif.	*an, n; gizonean,* in homine; *aitàn,* in patre.	Lapon-Suédois *n.* Ex. *tyalme,* oculus, et *tyalmen,* in oculo. Suryène *un.* Suomi *na,* conservé dans quelques locutions seulement, comme *koto-na,* à la maison.

7

	BASQUE.	LANGUES FINNOISES.
Instrumental	*ka* ou *ga*.	Tcheremisse (comitatif-allatif) *ka*. Ex. *raïka*, de nouveau (*raï*, novum; *mindir-ka*, au loin (*mindir*, longinquum).
Caritif.	*ge*.	Le *k* final marque la négation en Lapon. Ex. *hôlek*, non dictum, de *hal*, sermo; *kerdok*, non duplicatus, de *kerdom*, duplicatio.
2ᵉ Caritif.	en *t* ou *tt*; ex. *chankett*, boiteux, de *chango*, jambe.	Suomi *tt*, *tæ*, marque la négation. Suryène *tæg*, sinè. Lapon *tis*, non, sinè.
Sociatif.	*kin* (comp. au Latin *cùm*).	Lapon, *kum*, *gwoim*.
Pluriel.	*ak*, a disparu aux autres cas que le nominatif; mais nous savons que cette forme qui existait primitivement à tous les cas s'est conservée dans un dialecte Basque Espagnol, pour le génitif et le datif pluriel qui sont en *ak-en*, *ak-i*.	Lapon-Suédois *ak* ou *gak*. Ex. *ædnam*, terre; nomin. plur. *ædnamak*; *yurda*, pensée; nomin. plur. *yurdagak*. Magyar *ak*, *ek*, *ok*, suivant les lois de l'harmonie des voyelles. Ex. *atya*, pater; *atyà-k*, patres; *ember*, homo, *ember-ek*, homines; *dob*, tambour, *dob-ok*, tambours.

Enfin, pour compléter ce tableau des affinités du Basque avec les langues Finnoises, nous mentionnerons même celles qui se produisent en dehors de la déclinaison.

Le nom de nombre *bederatsi*, neuf, est formé de *bat*, un, comme en Suomi *ydexæ*, neuf, de *yksi*, un.

Certains noms de nombre ont en Basque une finale *tsi*, dont les autres sont dépourvus. Ex. *zortsi*, huit, et *bederatsi*, neuf. De même en Lapon, pour la finale *t*. Par ex. *akt*. un. En Suomi, pour la désinence *si*. Ex. *yksi*, un, et *kaksi*, deux. Ceci nous rappelle qu'en Tcheremisse, la dentale ou sifflante finale transforme les adjectifs numéraux et indéclinables en substantifs déclinables.

La finale infinitive Basque en *te* ou *tze*, par ex. *ya-tea*, manger, nous rappelle les noms verbaux en *taeæ* du Suomi. Par ex. dans *syœtaeæ*, manger.

Nous pouvons rapprocher le *adin*, signe de l'optatif en Basque. Par ex. *nadin*, que je sois, du *adagn* qui a la même valeur en Ostyak. Ex. *ma werem*, je fais ; *ma adagn werem*, que je fasse.

Le Mordvine jouit, mais dans une proportion plus restreinte que le Basque, de la faculté d'accoler le pronom régime, soit direct, soit indirect, au verbe. Le Magyar incorpore aussi parfois le régime direct, mais seulement à la troisième personne. Ex. *ir*, il écrit (sens général), et *irja a levalet*, il écrit la lettre (litt. il l'écrit, la lettre).

Enfin n'oublions pas l'existence en Eskuara, aussi bien que dans les langues Ouraliennes, d'une loi, en vertu de laquelle deux consonnes contiguës ne peuvent commencer un mot. Cette règle, aujourd'hui assez mal observée des Basques, s'applique rigoureusement à la plupart des mots anciennement admis dans la langue. Par ex. de christianus, ils ont fait *giristinno ;* de cruz, *khurutze*, etc. Elle n'a sans doute fléchi que par suite de la pression qu'ont exercée les dialectes d'origine Latine.

Ajoutons à tout ceci la communauté ou l'analogie d'un nombre fort restreint de radicaux, qui se trouvent à la fois en Eskuara et chez les Finnois ou les Turks, et vous aurez une idée assez complète des analogies existant entre les deux familles linguistiques qui nous occupent. Il est temps, à cette heure, de passer aux dissemblances.

§ II. — DES DIFFÉRENCES EXISTANT ENTRE LE BASQUE ET LES IDIOMES DE L'OURAL

Le caractère essentiel de la langue Basque, c'est de pouvoir attacher certaines désinences, soit verbales, soit substantives, à tous les radicaux sans exception, et de les répéter jusqu'à l'infini. Par ex. *errege,* roi ; *erregea,* le roi ; *erregearen,* du roi ; *erregearena,* celui du roi ; *erregea-rentze,* faire qu'une chose devienne celle du roi ; *erregea-rentzea,* l'action de faire qu'une chose, etc. ; *erregea-rentzearena,* de l'action de faire, etc., etc. On pourrait continuer ainsi indéfiniment.

Dans les langues Finnoises, il n'en va pas ainsi : si quelques désinences peuvent s'attacher à un grand nombre de radicaux, ce ne sont guère que des particules postpositives et elles ne se répètent guère plus de deux fois de suite.

Les marques de temps, les désinences numérales, en Lapon, en Suomi, sont parfaitement distinctes des finales casuelles et ne semblent pas dérivées de ces dernières. C'est tout le contraire de ce qui a lieu en Basque.

Le verbe ne peut pas se décliner chez les peuples de l'Oural, comme il fait en Eskuara. Par ex. dans *nizala, nintzan.*

La méthode intercalative est beaucoup plus développée chez les Ouraliens que chez les montagnards Pyrénéens. Les Finnois, les Turks, les Mongols rejettent à la fin la désinence verbale, lorsque plusieurs verbes sont contigus et dépendants d'un même membre de phrase ; c'est ce que les Basques ne font jamais, et, chez eux, la méthode inter-calative ne s'applique guère qu'à la déclinaison.

Il est douteux que les flexions multiples soient primitives dans les idiômes Finnois, tandis qu'elles le sont très vraisemblablement en Eskuara. Ici donc, il n'y aurait que simple coïncidence et ressemblance due au hasard. D'ailleurs, une assez notable différence doit être signalée dans la manière de traiter ces flexions multiples. La fusion des divers éléments est beaucoup plus intime chez les Ouraliens que chez les aborigènes de l'Espagne. En Ostyak, par exemple, dans le dialecte Yétique, nous trouvons *semiret,* ex oculo. Le *t* marque une vieille forme élative que l'on ne rencontre plus que dans un petit nombre de locutions. Par ex. *tatt taghet,* ex illo loco. La syllabe *vi*, qui n'est plus employée seule, correspond évidemment à la particule inessive *be,* du Magyar. Au contraire, dans le Basque *Espanaratekoan* (déjà cité), les flexions de l'illatif, du locatif et de l'inessif sont simplement juxta-posées l'une à l'autre sans mutilation.

Les idiômes Finnois ne connaissent pas ces consonnes euphoniques intercalées, comme dans le Basque *gizona-r-i,* homini, et ne craignent pas au besoin d'élider les voyelles contiguës; ils n'ont rien non plus qui nous rappelle la particule infinitive intercalée dans l'inessif Basque indéfini en *tan,* l'illatif en *tara.* Ils ne possèdent pas davantage ces formes spéciales pour les genres animé et inanimé, dont la déclinaison Basque offre plus d'un exemple.

Le Basque a complétement perdu le duel, employé aujourd'hui encore en Lapon pour le pronom personnel et le verbe; dans un dialecte Ostyak pour le nom. Il est probable, toutefois, qu'il le possédait à l'origine et l'aura abandonné par la suite des temps.

Aucun idiôme Ouralien, sauf le Mordvine, ne distingue le défini de l'indéfini, d'où l'on peut conclure, sans trop de témérité, que ce dernier ne possédait point cette double forme à l'origine, et qu'il l'aura acquise seulement après sa séparation des autres dialectes de la même branche. D'ailleurs, il ne traite pas ces deux modes de la même manière que le Basque. Le signe du défini Basque consiste en un *a,* qui disparaît à certains cas et précède le signe de la déclinaison. Ex. *gizon-a-ren.* Au contraire, le signe du défini en Mordvine est un *s* ou *t* final, lequel suit la désinence casuelle. Ex. *saelmen-t,* de l'œil. Ce signe du défini dérive évidemment du pronom postposé *se,* le, celui. Enfin, le Mordvine a un pluriel indéfini et un pluriel défini, tandis qu'en Basque l'indéfini n'existe pas au pluriel et constitue un troisième nombre.

Nous n'avons jamais rencontré le *a* postposé du Suryène

employé autrement qu'avec un participe, et nous ignorons s'il peut s'accoler au nom.

Il serait plus que téméraire de rapprocher, bien qu'il se ressemble singulièrement et pour la forme et pour le sens, le médiatif Basque en *z* du translatif Finnois en *ksi;* Esthonien de Revel en *ks;* Esthonien de Dorpat en *s.* Ex. *silmæ-ks, silme-s*, per oculum, par la raison que la forme primitive est évidemment celle en *ks*, laquelle est une forme composée. Il est douteux, nous l'avons déjà dit, que ces formes composées fussent déjà en vigueur, lorsque les peuples des rives de la Baltique se sont séparés des autres tribus de même souche.

On ne saurait tirer aucune preuve d'affinité de ce fait qu'en Suomi, comme en Basque, le nominatif pluriel seul a une consonne pour caractéristique, tandis que les autres cas prennent une voyelle. Ex. Suomi, *kæde-t*, les mains; *kæte-i-n*, des mains (*i* marque du pluriel et *n* du génitif). Nous savons en effet qu'en Eskuara, à l'origine, le *k*, marque du pluriel, se montrait à tous les cas.

Les peuples Finnois ne postposent pas, comme les Basques, au mot principal des suffixes pour exprimer tous les degrés de dimension ou de comparaison. Par ex. en Basque, *gizon*, homme; *gizoneghi*, trop homme; *gizonche*, un peu homme; *gizoncheghi*, un peu trop homme, et ainsi de suite à l'infini. Les idiômes de l'Oural se bornent aux suffixes du comparatif et du superlatif. Quelques rapports de comparaison sont, mais par exception, exprimés au moyen de particules postpositives. Par ex. en Suomi, *uahingoko*, un peu vieux.

Ce qui est surtout à remarquer, c'est la profonde dissemblance existant entre les pronoms Finnois et les pronoms Basques, le pronom étant de toutes les parties du discours, peut-être, celle qui conserve le mieux sa physionomie primitive. Le Basque n'a point d'affixes possessives comme le Suomi ou le Turk.

Enfin, si les déclinaisons Basque et Finnoise offrent à beaucoup d'égards de surprenantes analogies, ces analogies sont beaucoup moins marquées en ce qui concerne la conjugaison.

L'Eskuara ne paraît point, à l'origine, avoir possédé de verbe substantif ; il l'a formé vraisemblablement du pronom, et cela pour imiter les idiômes voisins, dans lesquels ce verbe existait. C'est ainsi que la langue Yucatèque s'est forgée, au moyen du pronom de la troisième personne, une sorte de verbe *être* dont l'ancienne langue était dépourvue, et ce changement n'est évidemment dû qu'à l'influence Espagnole. Aujourd'hui, la conjugaison régulière du verbe Basque se fait uniquement en accolant un nom verbal, muni de certaines flexions casuelles, aux auxiliaires *être* et *avoir*. Enfin, dans les auxiliaires et les verbes syncopés, conjugués les uns sur le modèle du verbe *être*, les autres sur celui du verbe *avoir*, le Basque prépose toujours le pronom au radical verbal. Ex. *nago*, je demeure, pour *egoiten naiz*, sum in mansione. Ce que ne font jamais les Finnois.

Au contraire, chez ces derniers, le verbe *être* paraît provenir non d'un pronom, mais d'un radical verbal ayant à l'origine le sens de *vivere*, *stare*. La conjugaison descriptive, formée d'un radical verbal, soit seul comme en Magyar, soit d'un radical verbal décliné comme en Lapon, n'est que d'un usage fort restreint. La conjugaison normale se fait, à peu près comme dans les idiômes Indo-Européens, par la réunion d'un radical et d'un pronom suffixe, souvent unis l'un à l'autre par une voyelle de liaison. Ex. Suomi, *oll-e-n*, je suis (radical, *oll*; *n* pour *m*, de *minæ*, je, moi, et *e*, ligature).

Le système suivi dans quelques dialectes de l'Oural pour la conjugaison, lequel consiste à remplacer le verbe par un participe, par ex. *toi me conduisant* pour *tu me conduis*, ne saurait se reproduire exactement en Basque, puisque le pronom régime doit s'accoler à l'auxiliaire. De là encore, une différence notable entre les conjugaisons, toutes les deux d'ailleurs si riches et si compliquées, du Mordvine et du Basque. Le premier de ces idiômes accole directement le pronom régime au radical verbal.

Ajoutons enfin, pour être complet, que la loi d'*harmonie des voyelles*, caractéristique des idiômes Finnois et Turks, et en vertu de laquelle les voyelles de la désinence doivent être de même nature que celles du radical, ne se retrouve point en Basque. Les travaux si intéressants, à cet égard, du prince Louis-Lucien Bonaparte, nous font connaître, dans certains dialectes Basques, l'existence d'une loi toute contraire, celle de la *dissemblance des voyelles* (1). Nous n'avons retrouvé dans aucun dialecte de l'Oural trace de cette règle, strictement observée en Basque, et en vertu de laquelle nul mot ne peut commencer par un *r*. Par ex. *Erroma*, Rome; *errege*, roi (Lat. regem).

Pour nous résumer, la langue Basque offre avec les langues Finnoises beaucoup de ces affinités, qui tiennent à une manière analogue dans la façon de comprendre le système grammatical. La ressemblance formelle de certaines désinences déclinatives, et ce fait que la plupart de ces désinences, qui ne sont pas analogues à celles du Finnois, semblent empruntées aux idiômes Indo-Européens et Celtiques, constitue une particularité très importante à noter. Il en faut dire autant de la dérivation du nom de nombre *neuf*, tiré de l'unité. Mais, d'un autre côté, la profonde dissemblance qui éclate entre ces deux groupes de langues, si nous étudions leurs pronoms, leur mode de conjugaison, etc., ne nous permet guère de les traiter comme sœurs. Somme toute, le Basque ne se rapproche pas plus, pas autant peut-être des idiômes Finnois, que ceux-ci ne se rapprochent du groupe Indo-Européen.

(1) Voy. *langue Basque et langues Finnoises*, par S. A. I. le prince Louis-Lucien Bonaparte.

Les pronoms personnels du Lapon *mon, todn, sodn,* moi, toi, lui, par exemple, ressemblent prodigieusement au Latin *me, te, se.* Cependant, on n'oserait prétendre que le Lapon et le Latin soient unis entre eux par un lien quelconque de parenté. Je crois qu'il faut, jusqu'à nouvel ordre, en dire autant de l'Eskuara mis en parallèle avec les dialectes Ouraliens, et reconnaître que les affinités qui se manifestent entre eux proviennent d'un fait facile à comprendre. Les systêmes grammaticaux radicalement distincts l'un de l'autre n'étant pas nombreux, et pouvant se ramener aux trois grands types de la juxta-position ou monosyllabisme, de l'agglomération et de la flexion, l'on conçoit que deux peuples, sans communication l'un avec l'autre, aient pu, par hasard, tomber d'accord sur un certain nombre de règles essentielles ; que même, par la suite des temps, ils aient développé un fond analogue, suivant des règles presque identiques, et qu'ils en soient enfin arrivés à offrir dans leur langage des ressemblances frappantes, bien que fortuites.

Des études plus suivies ont, jusqu'à un certain point, modifié notre ancienne manière de voir. A cet égard, s'il est téméraire, dans l'état actuel de la science, de rejeter toute idée de parenté entre le Basque et les idiômes Finnois, il le serait plus encore peut-être d'admettre cette parenté comme un fait certain ou simplement probable. S'il nous fallait opter à toute force, nous aimerions mieux voir dans l'Eskuara un congénère de certains dialectes du Nouveau-Monde, qu'un frère du Mordvine ou de Vogoule : C'est ce que nous allons tâcher de développer dans le prochain paragraphe.

§ III. — DES AFFINITÉS DU BASQUE AVEC QUELQUES IDIOMES DES DEUX CONTINENTS

M. de Humboldt avait déjà remarqué la physionomie toute Américaine à certains égards de l'Eskuara, et il expliquait ce fait, beaucoup plutôt par une similitude dans le génie des deux races que par un lien de parenté primitive. Peut-être l'illustre savant allait-il un peu loin ; les affinités qui se manifestent, par exemple, entre les dialectes du groupe Lenâpé ou Algonkin-Chippeway et l'Eskuara semblent d'une nature trop intime pour être due au seul hasard.

Dans ces dialectes Canadiens, nous retrouvons généralement, ainsi qu'en Basque, la structure agglomérante, l'emploi des postpositions, mais tout cela n'est pas le plus important. Il existe un procédé uniforme dans la manière de former les mots composés, tant en Lenapé qu'en Eskuara, et ce procédé semble étranger aux autres familles linguistiques. Lors, par exemple, que deux mots s'unissent pour constituer un mot composé, la partie radicale de la seconde de ces formatives s'efface. Par ex. en Basque, *ilhun*, crépuscule, pour *hil-egun* (litt. mortua dies). *Hemeretsi*, dix-neuf, pour *hamar* (decem) et *bederatsi* (novem). *Orzanz*, tonnerre (litt. bruit du nuage, de *orz*, nuage, et *azanz*, bruit, etc.) En Lénâpé, *pilapé*, jeune garçon, de *pilsitt*, castus, et *lenapé*, homo.

On trouve des exemples de ce mode de formation dans les langues les plus diverses, mais seulement à l'état de très rares exceptions. Ex. en Latin, *malo*, pour *magis volo*. *Nolo*, pour *non volo*. En Français (dans le langage vulgaire), *mam'zelle*, pour *mademoiselle*. En grec, *zôgreô*, prendre vivant, pour *zôon agreô*. En Allemand, *beim*, *zum*, chez, auprès, pour *bei dem*, *zu dem*. En Flamand, *vant*, de, pour *van het*. En Espagnol, *usted*, pour *vuestra merced*. En Arabe, *raçoullah*, prophète de Dieu, pour *raçoul el allah*. En Japonais, *anata*, je, moi ; *konata*, tu, toi ; *sonata*, il, lui, pour *ano kata*, *kono kata*, *sono kata* (litt. cette place, cette place-ci, cette place-là). *Koyé*, cabane, pour *ko-iyé* (litt. petite maison).

Dans les patois du Nouveau-Monde, la plupart des mots

sont formés ainsi. En Basque, ce procédé d'élimination, quoique moins souvent employé, l'est encore infiniment plus que dans les autres idiômes de l'Ancien-Monde, et s'il n'est pas aussi général qu'en Delaware, cela tient sans doute à l'influence Indo-Européenne.

Il y a, toutefois encore, une différence à établir entre l'Eskuara et le Lénâpé. Le premier de ces idiômes n'emploie guère le procédé d'élimination que pour des composés de deux substantifs ou d'un substantif et d'un adjectif. Au contraire, les dialectes Canadiens unissent par ce mode de composition jusqu'à des membres de phrase entiers. Ex. en Lénàpé, *kitannitowit*, lui qui est le grand esprit, de *kitchi*, grand; *maniton*, esprit; et *wit*, désinence verbale. *Kitagichgouk*, espèce de serpent qui ne sort que de nuit, de *kitamen*, timere; *gichouh*, soleil; et *achgouk*, serpent. *K'ouligatchiz*, nom d'amitié qui se donne aux animaux domestiques, de *k'*, toi; *woulit*, jolie; *achgat*, patte; et *chiz*, signe du diminutif (litt. toi, la jolie petite patte). Il est vraisemblable qu'ici encore le contact avec les peuples Indo-Européens a dû déterminer les Basques à restreindre l'emploi du procédé en question, tandis que chez les tribus barbares du Nouveau-Monde, il a conservé son extension primitive.

Très probablement ces règles de composition ont été la conséquence du penchant qui porte les peuples sauvages à restreindre le nombre des radicaux, comme s'ils craignaient de charger leur mémoire, et par conséquent à multiplier le nombre des mots composés. Au contraire, les races qui ont toujours gardé un certain degré de civilisation ont aussi conservé un nombre considérable de radicaux, et se sont bornées à leur joindre des désinences dérivatives. Comme cet usage d'adjoindre des radicaux composants l'un à l'autre devait allonger le discours outre mesure, on chercha un moyen d'abréviation. Le plus simple consistait à éliminer une partie de ces mêmes composants.

On remarquera en effet que le Basque, comme les idiômes Américains, est fort pauvre en radicaux et a beaucoup de mots composés. Nombre d'idées rendues par un dérivé dans nos idiômes sont rendues, en Basque, par un double substantif. Ex. *belhaun*, genou, de *belhar*, front, et *oin*, pied. *Hillargi*, lune (litt. mortuum lumen), de *hili*, mori, et *argia*, lumen.

Les idiômes Canadiens admettent, comme l'Eskuara, la distinction entre le genre animé et le genre inanimé, mais ce qui les différencie de cette dernière langue, c'est que la distinction n'a pas lieu dans les noms pour le singulier. La désinence plurielle animée de ces dialectes est en *ak*, *ek* ou *k ;* ce qui nous rappelle les pluriels en *ak* du nominatif Basque. Ex. Lenâpé, *tcholens*, oiseau ; plur. *tcholensak*. Basque, *gizon*, homo ; plur. *gizonak*.

La déclinaison disparaît à peu près dans la famille Lénâpé, ce qui serait tout au plus une preuve de l'altération subie par ces idiômes, sous la double influence du temps et de l'éloignement du séjour primitif. Ainsi nous voyons les idiômes Indo-Européens perdre leur déclinaison en vieillissant. L'Anglais, par exemple, ne possède plus ces flexions casuelles, encore conservées dans l'Anglo-Saxon. Il en est de même du Français actuel par rapport au Français du temps de saint Louis, qui admettait la distinction entre le cas direct et le cas oblique.

Le système de numération Canadien rappelle à plus d'un égard le système Basque. Tous les deux ils possèdent la numération par vingt, et disent *trente et dix* ou *deux fois vingt* pour *quarante*. Le système quinaire, presque toujours uni au système vigésimal, existe chez les tribus du Nouveau-Monde. Le Basque lui-même en offre quelques vestiges. Tous les adjectifs numéraux de cinq à dix sont caractérisés par une finale *i* dont les autres sont dépourvus, par ex. *sei*, six; *zazpi*, sept; *zortzi*, huit; *bederatsi*, neuf. Ce qui paraît indiquer dans ce dernier idiôme une tendance à passer du système décimal pur au système mixte décimal et quinaire, la pure numération par dix paraissant avoir été, dans l'origine, commune à toutes les familles de langues, sans exception. Si elle s'est modifiée, si elle a en partie cédé la place aux systèmes combinés par *cinq* et par *vingt*, il convient, sans aucun doute, de voir là le résultat d'une décadence de la civilisation, la conséquence de cette tendance des peuples barbares à diminuer le nombre de leurs radicaux, et de cet affaiblissement si remarquable des facultés calculatrices chez presque toutes les nations sauvages.

· Nous avons de ceci un exemple frappant, même au sein de la famille Altaïque ; le **Turk**, le **Suomi**, le **Lapon**, le **Mongol** ne possèdent que la numération par dix. Chez les peuples du groupe Yénisséïen déjà, les nombres supérieurs à cinq peuvent se rendre, soit par un radical simple, soit par des expressions telles que *cinq* et *un*, *cinq* et *deux*, pour *dix* et *sept*. Enfin la langue Aïno n'a plus conservé que ce dernier mode de procéder.

Ajoutons que, dans certains dialectes Canadiens, le nombre *neuf*, comme en Basque, comme en Suomi, semble avoir le même radical que le nombre *un*. Par ex. en Etchemin, *bechkon*, un, et *pechkokem*, neuf. Nous avons de fortes raisons de croire que ce procédé a été, à l'origine, suivi par tous les peuples Lénâpés.

Les pronoms personnels de la première et de la deuxième personne, dans les langues Lénâpés, ressemblent beaucoup aux pronoms Basques : celui de la première personne est *ni*, *nin* ou *n'* ; *ni* en Basque ; celui de la seconde personne *ki* ou *k'* ; *hi* en Basque (l'aspirée n'étant ici, suivant toutes les apparences, qu'un adoucissement de la gutturale primitive). Les pronoms se préposent au verbe, comme dans la conjugaison syncopée substantive de l'Eskuara. Ex. Lénâpé, *n'pendamen*, j'entends ; *k'pendamen*, tu entends. De même en Basque, *nator*, je viens ; *hator*, tu viens.

Un des caractères des langues Canadiennes, c'est d'être exclusivement pronominales. Je m'explique ; ces langues peuvent dire, par exemple, *n'och*, mon père ; *k'och*, ton père ; mais elles ne pourraient pas exprimer l'idée de *père* isolée et non accompagnée du pronom. Cela se retrouve également chez les peuples de race Mohawk, et à un degré plus ou moins prononcé dans la plupart des dialectes de l'Amérique du Nord. Les missionnaires qui voulurent traduire les prières chrétiennes en langue Huronne ou Iroquoise étaient obligés de rendre ainsi le *Gloria Patri* : Gloire à *notre* Père et à *son* Fils et à *leur* Saint-Esprit.

Le Basque nous offre un exemple de cette particulnrité, mais seulement pour la conjugaison. Il dira, par exemple, *yaten dat ogia* (litt. je le mange, le pain), mais il ne pourrait rendre exactement et simplement netre phrase : je mange le pain. Les Eskualdunaks ont tellement l'habitude de sous-entendre le pronom régime dans le verbe, que si l'on demande à un Basque parlant Français : As-tu fermé la porte ? il répondra : *j'ai fermé*, et non pas *je l'ai fermée*.

On reconnaît là cette répugnance des races barbares pour les idées abstraites, et cette tendance à ne considérer les choses qu'*in specie*, non *in genere*. Du reste, les progrès de la civilisation, le contact avec les Français et les Espagnols, ont dû restreindre l'emploi de ces formes pronominales au sein de l'Eskuara.

Les pronoms régimes, soit directs, soit indirects, sont toujours postposés au verbe en Lénâpé, comme en Basque, ce qui rend la conjugaison aussi riche que compliquée. Enfin le verbe *être*, qui, comme on l'a vu, ne semble pas primitif en Basque, et n'a sans doute été forgé que pour imiter les dialectes Néo-Latins, n'existe pas du tout dans la plupart des langues de Peaux-Rouges. Cela est si vrai, que M. Duponceau essaya vainement de leur faire rendre la phrase biblique : *je suis celui qui suis*. Ajoutons que la particule *go*, marque du futur en Eskuara, ex. *yango det*, je mangerai, paraît se retrouver en Chippeway, mais intercalée entre le verbe et le pronom. Ex. *ninôndom*, j'entends, et *ningonôndom*, j'entendrai.

Les dialectes en question ne jouissent pas d'une aussi grande facilité que le Basque pour transformer un nom en verbe, une particule en substantif, ce qui tient surtout à deux causes : qu'ils n'ont point d'article final ni de déclinaison ; cependant ils peuvent, à ce qu'il paraît, faire assez régulièrement des verbes de tous leurs adjectifs, et souvent un participe d'un nom. Par ex. *tu mulierata* pour *tu es mulier*.

La distinction que font les adjectifs de bon nombre de ces jargons, entre le genre noble appliqué aux êtres animés et le genre ignoble réservé aux objets non doués de la vie, nous rappelle encore la différence reconnue en Basque entre les genres animé et inanimé.

Enfin, l'on peut signaler certaines ressemblances de lexique assez importantes entre ces deux familles linguistiques. Par ex. Basque, *agam*, nourrice ; Algonkin, *ogéma*, mère. Narangansett, *aroàm*, chien ; Basque, *ora*. Lénâpé, *tcholens*, oiseau ; Basque, *chori*. Sankhikhan ou Etchemin, *amomon*, enfant ; Basque, *humé*. Menomène, *pékots*, un ; Basque, *bakhar*, unique ; Knistineau, *pyak*, un ; Canadien propre, *bégou*, un ; Sankhikhan, *bechkon*, un. Cinq, Basque, *bortz* ; Sankhikhan, *parenach*. Main, Basque, *eskua*, la main ; Lénâpé, *nachk* (avec *n* préfixe euphonique), etc., etc.

Il semble, en un mot, que le Basque ne soit qu'un idiôme Américain, modifié suivant les exigences de la civilisation. Il est probable, en tout cas, qu'au moment où cette langue s'est formée, le peuple qui la parlait n'était pas beaucoup plus avancé que les Peaux-Rouges, au moment de la découverte. C'est ce qui paraît résulter de sa tendance à adopter les systèmes vigésimal et quinaire, de son mode d'élimination des radicaux composants, de son incapacité à séparer le pronom régime direct du verbe *avoir,* de la manière imparfaite dont elle a composé son verbe *être.* Mais si l'on admet une fois la parenté des Basques avec une seule race Américaine, le problème du peuplement du Nouveau-Monde (1) sera plus qu'à moitié résolu. Il est impossible, en effet, de ne pas le reconnaître. La plupart des dialectes Américains situés aux deux extrémités du nouveau continent, comme l'Eskimau et le Péruvien, l'Araucanien du Chili et le Delaware dè la Nouvelle-France, s'ils diffèrent entre eux beaucoup sous le rapport du lexique, se ressemblent tellement, quant à leur structure grammaticale, que la parenté des peuples qui les parlent ne saurait guère être mise en doute.

Les affinités du Basque avec les idiômes Indo-Européens, sauf les cas d'emprunt dont nous avons signalé quelquesuns, semblent se réduire à peu de chose, quant à la grammaire ; il en est autrement, si nous considérons le vocabulaire. C'est le contraire de ce qui a lieu, par rapport aux dialectes Américains qui ont beaucoup d'affinités grammaticales avec l'Eskuara, mais peu de ressemblances dans les racines. Il semble que, chez les peuples sauvages, les racines n'aient que peu d'importance, qu'elles s'empruntent, se perdent et se modifient avec la plus grande facilité, et que la structure grammaticale seule conserve son importance au point de vue ethnographique.

Abstraction faite des mots pris aux dialectes Néo-Latins, la plus grande partie des racines Basques semblent se retrouver en Sanscrit, en Zend, dans les idiômes Slaves, sans que l'on puisse s'expliquer comment elles se sont introduites dans la langue. Tel radical qui ne se retrouve dans aucun des idiômes voisins coexiste en Eskuara et en Sanscrit. Ex. Basque, *erdi,* moitié ; Sanscrit, *ardah.*

----

(1) Voy. la note A in fine.

Basque, *as*, roc; Sanscrit, *asman*, pierre. Basque, *zakhur*, chien ; Polonais, *suka*, chienne, etc., etc.

Ces racines ont-elles été de tout temps communes à ces deux familles linguistiques? Il serait bien difficile de comprendre par quel hasard cela a pu se faire. Les ancêtres des Basques ont-ils été en contact avec les races Indo-Européennes avant d'avoir quitté les régions de l'Asie occidentale, ou bien les radicaux en question existaient ils dans les anciens dialectes Celtiques, et ont-ils passé de là en Ibérie? C'est ce que le défaut de documents anciens ne nous permettra sans doute jamais de savoir.

Nous n'avons pu saisir d'affinités sensibles entre la grammaire Egyptienne et celle des Basques. En revanche, quelques mots Kophtes sont aujourd'hui encore en vigueur chez les indigènes des Pyrénées. Ex.

	BASQUE	KOPHTE
Nouveau,	*berri,*	*berri.*
Aimer,	*maitha,*	*maï.*
Femme,	*eme,*	*imé.*
Petit,	*kichi,*	*koudchi.*
Pain,	*ogi* (*i* euphoniq.)	*oïk;* vieil Egyptien, *ak. ek.*
Renard,	*atcheri,*	*atchari.*

Comment ces mots ont-ils passé d'un idiôme à l'autre? C'est ce que nous ne pouvons expliquer. L'on peut supposer là-dessus tout ce que l'on veut: que des colonies Egyptiennes se sont établies chez les Ibères; que les Basques, comme l'ont prétendu quelques auteurs, sont entrés en Europe par le nord de l'Afrique. Deux de ces mots Kophtes, d'ailleurs, se retrouvent chez les peuples Finnois : *warras*, en Lapon, signifie nouveau ; *akchar*, en Ostiak, est le nom du renard.

Les dialectes Berbers ne nous ont offert avec le Basque qu'un seul point de ressemblance, mais celui-là très important. Les pronoms personnels, chez les Chellouks du

Maroc, se rapprochent beaucoup de ceux de l'Eskuara, et ils ressemblent plus encore que ceux de ces derniers aux pronoms des peuples Canadiens. Ex.

	BASQUE	CHELLOUK	DIALECTES LÉNAPÉS
Je, moi,	*ni,*	*nek,*	*n', ne, nin.*
Tu, toi,	*hi,*	*ki,*	*k', ki.*
Il, lui,	*a,*	*nctham,*	*nekhama.*

Cette affinité dans les pronoms ne semble pas fortuite, ou bien il faudrait reconnaître avec M. Pictet que le hasard se plaît à jouer de singuliers tours aux linguistes. Mais comment expliquer une ressemblance sur un point aussi essentiel entre des idiômes qui d'ailleurs n'ont rien de commun.

Les Chellouks auraient-ils pris ces pronoms à des nations de race Ibérienne? Les *Muthurguri,* par exemple, que Strabon place dans le royaume actuel du Maroc, étaient sans aucun doute des Ibères. Leur nom le prouve, il signifie aujourd'hui encore *visages rouges,* en Basque, et convient à des peuples dont le teint devait être fort bruni par le soleil. La désinence même du nom de *Mauritanie* nous rappelle étrangement celles de nombreuses tribus Espagnoles, les *Cerretani,* les *Lacetani,* les *Bastitani,* etc. Mais comment s'expliquer que les Chellouks aient pris aux Ibères précisément la partie du discours qui se transmet le plus difficilement, et ne leur ait point ou presque point fait de ces échanges si fréquents entre races qui se trouvent en contact? En tout cas, remarquons que le Chellouk seul, parmi les dialectes Berbers, semble manifester ces analogies pronominales avec des races étrangères. Nous n'avons du moins rien observé de semblable dans l'idiôme Berber également, des Tamacheks. Toutefois, le *k* final marque encore la deuxième personne chez les Arabes.

Les dialectes Berbers ont encore, dit-on, de commun avec le Basque de ne point commencer leurs mots (sauf ceux pris à l'Arabe) par la lettre *r*, mais nous n'avons pu vérifier ce fait. Enfin, il est certain que là où le système de numération Berber n'a point subi l'influence Arabe, il est resté quinaire et vigésimal.

Quoi qu'il en soit, espérons que des comparaisons plus étendues, faites entre le Basque et les idiômes de l'Amérique, de l'Afrique et même de l'Europe, pourront jeter quelques lumières sur une des parties les plus obscures de l'histoire primitive.

Note A

SUR L'ORIGINE DES AMÉRICAINS

Plusieurs érudits, notamment M. Adair, avaient fait des Américains les descendants des anciens Juifs ; ils alléguaient, à l'appui de cette façon de voir, quelques coutumes assez peu probantes. Par exemple, l'exclamation *allelayah*, en vigueur chez certaines tribus du sud des Etats-Unis, et qu'ils rapprochaient de l'*alleluia* Hébreu. Les Indiens du Canada regardent, ainsi que les anciens Juifs, les femmes nouvellement accouchées comme impures ; mais que conclure d'une opinion que la nature elle-même a pu suggérer à des peuples isolés l'un de l'autre ?

L'hypothèse la plus généralement adoptée aujourd'hui est celle de Smith Barton, celle que Malte-Brun a admise du moins en partie. Elle consiste à attribuer le peuplement de l'Amérique à des colons qui auraient émigré d'Asie par le détroit de Behring. Cette opinion ne nous semble pas fort probable. Pour notre part, nous serions porté à croire que l'Amérique a été peuplée par l'Atlantique, à une époque où l'Europe occidentale était encore occupée par des peuples de race Ibérienne. Voici quelles seraient les raisons sur lesquelles nous pensons pouvoir nous appuyer :

1° Les langues Américaines n'ont pas d'affinité sensible avec celles de l'extrême Orient; elles en ont, au contraire, beaucoup avec le Basque actuel, du moins sous le rapport grammatical, ainsi que nous l'avons déjà vu;

2° Les dialectes Canadiens sont de tous les idiômes Américains ceux qui présentent le plus de ces affinités, d'où la conclusion naturelle que les peuples qui les parlent se font moins éloignés que les autres du foyer primitif de dispersion; que les rives du Saint-Laurent pourraient bien jouer le même rôle, dans l'histoire de la race cuivrée, que la Bactriane dans celle des peuples Aryens.

FIN

Mortagne. — Imp. Daupeley Frères, place d'Armes.   (Févr. 1866.)

FLEXIONS COMPOSÉES

DOUBLES		MULTIPLES	
RADIC.-LOCATIF. sujet, vocat gime du	*Gutichko*, bien peu (*guti*, peu).	DATIF-ACTIF et INESSIF.	*Hitzik-bage*, muet, sans parole.
F-ELATIF.	*Geroztik*, depuis lors (*gero*, ensuite).		
ACTII sujet agissar -SOCIATIF. avec un r direc	*Buruzkin*, têtu (*buru*, caput).	ILLATIF-LOCATIF et INESSIF.	*Espanaratekoan*, en partant pour l'Espagne.
F-MODAL.	*Egiazki*, véritablement (*egi*, vrai).		
MÉDIA' par, au mi F-INSTRU- ao'c TAL.	*Aldizka*, tour à tour (*alde* ou *aldi* tour, fois).	CARITIF-INESSIF et DATIF ACTIF.	*Bagetanik*, sine.
GÉNIT-LOCATIF. de.	*Handirentako*, pro magno. *Mariarendako*, pro Mariâ. *Zitha-*		
2e ADVER-IAL.	*Bortitzkirö*, fortement (*bortitz*, fort).		
ALLAT à, du cô F-GÉNITIF. 1º Forme n labiqu	*Hastepen*, initium (*has*, incipere).		
F-LOCATIF. 2º Forme pe bique	*Agindepean*, sous les ordres de (*agin*, ducere).		
F-INESSIF.	*Pean*, dessous.		
et 2º ADVER-IAL.	*Izaperó*, hypostatiquement.		
ELATI de, par (L F-INESSIF. 1º Forme in	*Ustekabean*, peut-être (*uste*, croyance, opinion).		
IAL. 2e et 2º Forme a CATIF.	*Ichirokò*, absolu.		
CAUSATIF et L pour, me à cause			

TABLEAU DE LA DÉCLINAISON BASQUE

FLEXIONS CASUELLES

Cas	MODE INDÉFINI — A consonne initiale finale	MODE INDÉFINI — A voyelle initiale finale	MODE DÉFINI	MODE PLURIEL
RADICAL. sujet, vocatif et régime direct.	On, bon.	Mendi, montagne. Aita, père.	Mendia, la montagne. Aitaa ou aitá, le père.	Mendiàk. Aitaak ou aitâk.
ACTIF. sujet agissant par, avec un régime direct.	Onek	Mendik.	Mendiak. Aitaak ou aitâk.	Mendieck ou Mendiek. (Dial. Guip.), mendiek (Forme archaïque), mendiack.
MÉDIATIF. par, au moyen de, avec.	Onez.	Mendiz. Aitaz, Nitaz, per ine. Nogetz, que oui. (Roi, oui.)	Mendiaz. Aitaaz ou aitâz.	Emaztetaz, per feminas. Aitetaz (Dial. Labourd.), aitetaaz.
GÉNITIF. de.	Onen.	Mendiren. Aitaren. (Dial. Lab.), aitaren, aitnen, aitan.	Mendiaren Aitaren ou aitaren.	Mendieen. Mendiën. (Forme archaïque), mendiaken.
DATIF. à.	Oni.	Mendiri.	Mendiari. Choriguri, avi (forme animée.)	Mendiei. Mendieri Mendier. Eurci, istis (Forme archaïque), mendiaki.
LOCATIF. de (avec régime inanimé), pour, dans.	Onetako, ontako.	Menditako, neretako, pro me.	Mendiko, mahatcheko, mahatchko, pro uvâ. Madridko, de Madrid. Etchek'anderia (pour etcheko), la maîtresse de la maison. Nafarronko, de la Navarre. Ongo, bien.	Emaztelako Athor eremetako, dans les champs ensemencés. Mendiëtako.
DESTINATIF. pour (avec régime animé). 1re Forme destinative.	Ontzat. Gizonentzat, pro homine. Handirentzat, pro magno.	Emaztetzat, pro muliere. Neretzat, pro me.	Aitarentzat, pro patre.	Emaztetzat. Fruitentzat, pro fructibus.
2e Forme adverbiale.	Ontza, bien.			
INESSIF. dans.	Onetan, ontan.	Menditan. Hirutan, en trois. Neretan, ni-baithan et nigan, in me. Pedroyan, in Petro.	Bilbaon, dans Bilbao. Aitaan, aitân, in patre. Gizonean, in homine. Herrian, in regione. Yaunagan, in domino (forme animée).	Gizonétan. Nausiétan, in dominis. Aitén baithan, in patribus.
ILLATIF. à, vers. 1re Forme transitive inanimée.	Ontara, ontora.	Menditara.	Mendira. Onà, ad istud. Madridera, vers Madrid. Gizonaren gana. (Dial. Labourd.) gizona gana.	Emaztétara. Mendiétara. Nausiéu-gana
2e Forme transitive animée.	Gizonen gana, ad hominem. (Dialecte Labourdin), gizonagana.	Nitara ou nere gana, ad me.		
3e Forme commorative inanimée.	Onetarat, ontarat.	Menditarat.	Mendirat. Madriderat.	Emaztétarat. Menditarat. Nausiéu-ganat.
4e Forme commorative animée.	Gizonen ganat. (Dial. Lab.), gizonganat.	Nitarat ou nere ganat.	Gizonaren ganat (Dial. Lab.), gizona ganat.	
INTENSIF. à, vers. 1re Forme transitive. 2e Forme commorative.		Neritzela, d'ailleurs.	Handiòla, ad magnum. Handiélat.	
ALLATIF. à, du côté de. 1re Forme monosyllabique.	Pas d'indéfini.		Onònz, de ce côté-ci.	Etchétaronz, vers les maisons. Gizonéugemonts.
2e Forme polysyllabique.			Ezkerreronz, vers la gauche. Errironz, vers le pays. Niganonz, vers moi (forme animée).	
ÉLATIF. de, par (Lat. ex). 1re Forme inanimée.	Onetarik, ontarik. (Dial. Lab.), ontari.	Menditarik (Dial. Lab.), menditari.	Menditik. (Dial. Biscay.), mendirik. (Dial. Lab.), menditi.	Emaztétarik. Nausiéngauik ou gandik (Dialecte de Bernaco), Mendiétalik, ex magnis.
2e Forme animée.	Gizonen gandik ou gandik.	Gizonen ganik ou gandik.	Gizonaren ganik ou gandik. Nitarik ou Mariaren gandik, ex Mariâ.	Handiétatik, ex magnis.
CAUSATIF et DESPECTIF. pour, malgré, à cause de.	Gizonen gatik. (Dial. Lab.), gizongatik.	Nere gatik, pro me, me invito. (Dial. Lab.), nere gatik.	Gizona gatik ou gatik.	Handiën gatik, pro magnitâ. Handiak-gatik, magnitas invitis.

FLEXIONS POSTPOSITIVES

SOCIATIF avec. 1re Singulier.	Mendivekin. Galduekin, cum perdito. (Dial. Soulet.), heltziarekl, en arrivant, avec l'arrivée.
2e Pluriel.	Otakin, cum tabulis. Zurekin ou zuekkin, vobiscum. (Dial. Soul.), zamâri erosiëki, avec les chevaux achetés. (Dial. Bisc.), armmakaz, cum aromatibus.
MODAL en, comme.	Erregeki, royalement (errege, roi).
CARITIF sans.	Gabe, bage, baga. (Dial. Guip.), ge ou gabe.
INSTRUMENTAL en, après, à coups de.	Saltoka, en dansant. Onga, bien. Harrika, à coups de pierres.
SUBLATIF sous, le dessous.	Lurpe, lupe, une fosse, sous terre. Ilhunpe, crépuscule (ilhun, soir).
ADVERBIAL 1er en, à.	Ezkertò, à gauche (ezkerra, la gauche). Ondò, bien.
ADVERBIAL 2e en, avec. 1re Après une consonne. 2e Après une voyelle.	Lasterrerd, rapidement (lasterr, rapide). Chintzorò, habilement (chintzò, habile).
CONTINUATIF jusqu'à.	Orano, jusqu'à présent.
CONTINUATIF en raison de, au fur et à mesure.	Haurkhal, à proportion du nombre des enfants. Ylukhal, chaque fois que l'on vient.
UNITIF garni de, muni de.	Urhesta, doré. Zilharsta, recouvert d'argent.
INCLUSIF plein de, rempli.	Unzitraou unzita, plein un vaisseau (unzi, vaisseau). Ahurtra, poignée (ahur, creux de la main).

FLEXIONS COMPOSÉES

DOUBLES

MÉDIATIF-LOCATIF.	Gutichko, bien peu (guti, peu).
MÉDIATIF-ÉLATIF.	Geroztik, depuis lors (gero, ensuite).
MÉDIATIF-SOCIATIF.	Ruruzkin, têtu (buru, caput).
MÉDIATIF-MODAL.	Egiazki, véritablement (egi, vrai).
MÉDIATIF-INSTRUMENTAL.	Aldizka, tour à tour (alde ou aldi tour, fois).
GÉNITIF-LOCATIF.	Handirentako, pro magno. Mariarendako, pro Mariâ. Zilharezko, argenteus.
DATIF-ACTIF.	Umegaberik, sterilis (ume, puer). Dagoz obligaurik, obligatus est Thal-ik gabe, sans cesse (thal, quies, remissio).
DATIF DOUBLE.	Bazko-iri, vers Pâques.
LOCATIF-GÉNITIF.	Bihotzekoaren, du fond du cœur.
LOCATIF-MÉDIATIF.	Oroikotz, pour cette fois-ci.
LOCATIF-DESTINATIF.	Izatekotzat, pour être, afin d'être.
LOCATIF-INESSIF.	Lenengoan, primó (lenengo, primus).
LOCATIF-MODAL.	Zaldungoki, d'une matière chevaleresque (zaldun, chevalier).
LOCATIF et 2e ADVERBIAL.	Kampokoro, du dehors (kampo, hors de, extérieur).
DESTINATIF-MODAL.	Onzaki, bien.
INESSIF-LOCATIF.	Egunian-eguniango, de jour en jour (egun, jour).
ILLATIF-LOCATIF.	Zertako, quare? Valerako, pour manger.
ILLATIF-CONTINUATIF.	Menditurano, menditarîno, usque ad montem.
INTENSIF-MÉDIATIF.	Nolazbait, de quelque façon que.
INTENSIF-CONTINUATIF.	Handialano, usqué ad magnum.
ÉLATIF-INESSIF.	Galaadikhan, ex terrâ Galaad.
ÉLATIF-ILLATIF.	Hemenlikarat, d'ici en avant (hemen, ici).
MODAL-LOCATIF.	Aitarekikò, à l'égard du père.
MODAL DOUBLE.	Ongiki, bien.
MODAL et 2e ADVERBIAL.	Bortitzkirò, fortement (bortitz, fort).
SUBLATIF-GÉNITIF.	Hastepen, initium (has, incipere).
SUBLATIF-LOCATIF.	Agindepean, sous les ordres de (agin, ducere).
SUBLATIF-INESSIF.	Pean, dessous.
SUBLATIF et 2e ADVERBIAL.	Isapero, hypostatiquement.
CARITIF-INESSIF.	Ustekabean, peut-être (uste, croyance, opinion).
ADVERBIAL 2e et LOCATIF.	Ichirokà, absolu.

MULTIPLES

DATIF-ACTIF et INESSIF.	Hitzik-bage, muet, sans parole.
ILLATIF-LOCATIF et INESSIF.	Ezpanaratekoon, en partant pour l'Espagne.
CARITIF-INESSIF et DATIF ACTIF.	Bagetanik, sine.

ÉDIATIF-INESSI					
GÉNITIF-INESSIF					
DATIF-ACTIF.					
TIF-CONTINUAT			*Oraino,* jusqu'à présent, encore		
LLATIF-GÉNITIF					
LLATIF-LOCATIF					
ATIF-CONTINUAT					
LATIF-INESSIF.					
IF-ACTIF-INESS					
TIF-CONTINUAT LOCATIF.			*Orainoko,* voy. *oraino.*		

TABLEAU DU SYSTÈME DES POSTPOSITIONS DANS LA LANGUE BASQUE.

En-tête de colonne (basque, glose française)	Contenu de la colonne
Aurrez, … , en face.	Itzurean, … . Itziñezd, environs.
Alde, lieu, fois, autour, pour in. Ex. *elizalde*, circa ecclesiam. *Zure alde*, pro te.	Aldiz, au contraire. Aldean, … en comparaison de. Ex. *Ithurri … itsasoa, en comparaison de celui qui …* Aldeaz, … .
Amore, amour, à cause de.	[illegible] Yemenean, à tour [de bras?], pour l'amour de Dieu.
Anal, apparence, idée	Anaiez, arai[z], arabil, vraisemblablement
Arte, route, intervalle, c'est peut-être l'article suivi de la finale initiative.	Artean, entre, inter, … au … ; donec ; esperabil artean, jusqu'à … . Ex. *… sua Loicea arabera, vraisemblablement …* Artés, entre, parmi. Bermartean ou artean, entre deux. Arterano, … ad diem [?]; arterano, jusqu'à … .
Atze, étranger, non parent.	Atzean, derrière. Atzetik, enfin. Atzerano, au-dedans.
Aurre, face, visage, régit le génitif.	Aurrean, devant, avant; Ex. *… , au-dedans, sub umbra.* Aurretik, enfin.
Aur…, … ami, certes.	Aspian, sous, dessous, … sub le génitif. Ex. *… aspian*, sub umbra. Perb., avec s euphonique, *besipil*, saul, *besi-qui*, excepté. Baisikan, sauf, excepté.
Ba, Bai, … , certes.	Barne, dentro, régit le génitif. Barnean, dentro.
Be, Pe, sous, le dessous.	Peau, sub.
Bera, même.	Beras, donc, en conséquence.
B…, … , qu'il soit, qu'il soit.	Besela, sicut, en Guipuzcoa, voy. *Lcsc.* Avec redoubl. *bethi*, ou *ba.*
Ere, aussi.	Eretz, en comparaison de. Eretzez-eretz, en même temps que. Erettan, vis-à-vis.
Gain, Gan, sur, dessus.	Gaïnez-goin, de sommet en sommet. Ganat, gana, vers, … . Ganez, vers, ad. Gatik, petit, à cause de. Orregatik, llaque. Nigatik, pro una. Gaindi, en passant par. Bardelen gaindi, en passant par Bordeaux. Gainturcan, à cause de, *Ynudo gainturcan egiten dut*, pro Dco facio hoc. Gatikan, à cause de, pour, en faveur de.
Gibel, dos	Gibelean, derrière. Gibeltrat, en arrière de.
Hurran, près, proche	Hurbildik, de près.
Kanpo, champ, extérieur (du Lat. campus)	Kampoan, hors de. Kampotal, vers l'extérieur. Kampotik, vers le dehors.
Konra, contre (d'orig. lat.), régit le génitif. Ex. *elkargatik contra, alii contra se invicem.*	Kampoan, hors de. Kamparai, vers l'extérieur. Kamparik, vers le dehors.
Leka, (du latin legem).	Leges, … . En Guipuzcoa on emploie *bezela.*
Oin, près, auprès, … signifie littéralement le pied.	Ondoan, derrière, au-delà. Ondoan, auprès, après. Ex. *… ondoan*, post peristium.
Oro, (du Lat. Aurp) non employé au radical.	Orai, ainsi.
Ondo, en plus de	Ordean, tunc. Gralsan, jusqu'à présent, encore. Grnisalo, vers présent.
Orai, autour	Ordean, en … , alors.
Saihets, côté	Sahetchian, à côté de, auprès.

ADDENDA.

Page 72. — En parlant des formes des génitif et datif pluriel en **AK-EN**, **AK-I**, nous avions omis de faire connaître à quel dialecte elles appartiennent et quel auteur en a le premier constaté l'existence. Nous sommes heureux de pouvoir aujourd'hui réparer cet oubli. Ces formes appartiennent au dialecte d'Iran et Son A. I. le Prince Louis Lucien Bonaparte en a le premier constaté l'existence.

Imp. Thunot, R. des St Pères 85.

Note *sur les prétendus génitifs et datifs pluriels
de la* LANGUE BASQUE.

LES suffixes de la langue basque que l'on nomme communément "cas" ne sauraient être considérés comme véritablement tels qu'autant que l'on pourrait donner cette qualification aux prépositions de la langue française ou aux postpositions d'autres langues. Le génitif et le datif pluriels eux-mêmes ont cessé pour nous de faire une exception, à dater du moment que nous avons acquis la conviction qu'à Irun et à Fontarabie les formes *gizonaken* "des hommes", *gizonaki* "aux hommes" sont encore en usage au lieu de *gizonen, gizonai*. En voilà l'analyse : *gizon-ak-en* " homme-les-de ", *gizon-ak-i* " homme-les-à ".

Il y a déja plus d'un an que nous avons fait part de ce fait à Monsieur H. de Charencey. Nous ne pouvons donc que remercier ce jeune savant d'avoir bien voulu donner de la publicité * à cette petite découverte linguistique que nous avons été assez heureux de faire pendant nos excursions.

LOUIS LUCIEN BONAPARTE.

Le 6 Avril, 1866.

* (Voyez " La Langue Basque, et les Idiomes de l'Oural." par H. de Charencey, p. 72.)